Kauderwelsch

Band 115

Thoth, Schutzgott der Schreibkunst

Der
Reise Know-How Verlag Peter Rump GmbH
ist Mitglied der Verlagsgruppe

Reise Know-How

Kauderwelsch

Hieroglyphisch
Wort für Wort

Carsten Peust

Für Heike Sternberg

Kauderwelsch Band 115
Hieroglyphisch - Wort für Wort
von Carsten Peust

Reise Know-How Verlag Peter Rump GmbH
Hauptstraße 198
D-33647 Bielefeld (Brackwede)

1. Auflage 1997
ISBN 3-89416-317-8

Bearbeitung: Michael Blümke

Gestaltung: Peter Rump

Fotos: Carsten Peust

Druck & Bindung: Fuldaer Verlagsanstalt GmbH, Fulda

PRINTED IN GERMANY

Inhalt

Kauderwelsch-Sprechführer sind anders

Warum? Weil sie Sie in die Lage versetzen, wirklich zu sprechen und die Leute zu verstehen.

Wie wird das gemacht? Abgesehen von dem, was jedes Sprachbuch bietet, nämlich Vokabeln, Beispielsätze etc., zeichnen sich die Bände der Kauderwelsch-Reihe durch folgende Besonderheiten aus:

Die **Grammatik** wird in einfacher Sprache so weit erklärt, daß es möglich wird, ohne viel Paukerei mit dem Sprechen zu beginnen, wenn auch nicht gerade druckreif.

Alle Beispielsätze werden doppelt ins Deutsche übertragen: zum einen **Wort-für-Wort,** zum anderen in "ordentliches" Hochdeutsch. So wird das fremde Sprachsystem sehr gut durchschaubar. Denn in einer fremden Sprache unterscheiden sich z. B. Satzbau und Ausdrucksweise recht stark vom Deutschen. Ohne diese Übersetzungsart ist es so gut wie unmöglich, schnell einzelne Wörter in einem Satz auszutauschen.

Die **Autorinnen** und **Autoren** der Reihe sind Globetrotter, die die Sprache im Land selbst gelernt haben. Sie wissen daher genau, wie und was die einfachen Leute auf der Straße sprechen. Deren Ausdrucksweise ist nämlich häufig viel einfacher und direkter als z. B. die Sprache der Literatur.

Besonders wichtig sind im Reiseland die **Körpersprache, Gesten, Zeichen und Verhaltensregeln,** ohne die auch Sprachkundige kaum mit Menschen in guten Kontakt kommen. In allen Bänden der Reihe wird darum besonders auf diese Art der nonverbalen Kommunikation eingegangen.

Kauderwelsch-Sprachführer sind keine Lehrbücher, aber viel mehr als Sprachführer! Wenn Sie ein wenig Zeit investieren und einige Vokabeln lernen, werden Sie mit ihrer Hilfe in kürzester Zeit Informationen bekommen und Erfahrungen machen, die "taubstummen" Reisenden verborgen bleiben.

ALLGEMEINE HINWEISE ZUR SCHREIBUNG

Die ägyptischen Wörter und Sätze werden in dreifacher Form angegeben:

1) Das ägyptische Schriftbild in Hieroglyphen. Es gab im Alten Ägypten keine offiziellen Richtlinien zur Rechtschreibung, so daß die Wörter mit vielen Varianten geschrieben werden konnten. Wir bemühen uns, nur wirklich häufige und gewöhnliche Schreibungen auszuwählen. Allerdings vereinheitlichen wir die Schreibungen nicht völlig, sondern geben einige Wörter innerhalb des Kauderwelsch-Führers auf zweierlei oder dreierlei Weise wieder, wenn diese Schreibungen alle häufig sind. Der Leser wird dadurch einen Eindruck von den vorhandenen Variationsmöglichkeiten bekommen.

2) Die nach neuestem Forschungsstand rekonstruierte Aussprache. Hierbei sind die Mitlaute und Selbstlaute so angegeben, wie sie nach Auffassung des Verfassers im späten Neuen Reich am wahrscheinlichsten gesprochen wurden.

3) Eine Wort-für-Wort-Übersetzung. Sie hilft, die Struktur des Satzes sofort zu durchschauen.

4) Die "normale" deutsche Übersetzung.

Beispiel:

p^{h}eHúk^{h}	**e**	**nú**	**p^{h}e**	**tíme**
ankommen-du	*zu*	*Theben*	*die*	*Stadt*

Du bist in der Stadt Theben angekommen.

VORWORT

Das Alte Ägypten kennt man heute vor allem von seiner exotischen Seite, die in den Relikten aus der Welt der Gräber und Tempel zum Ausdruck kommt: Pyramiden, Mumien, Götterfiguren aller Art in Menschen-, Tier- oder Mischgestalt, für den Totenkult geschaffene Amulette und Ritualgegenstände, von mythologischen Abbildungen übersäte Särge und Grabwände. Angesichts solcher Eindrücke vergißt man leicht, daß die Bewohner Ägyptens Mitglieder einer diesseitigen Gesellschaft waren, die sich genauso wie wir vor allem mit Fragen des alltäglichen Lebens zu beschäftigen hatten. Eine Vorstellung vom altägyptischen Leben kann man sich am besten anhand der zahlreichen Schriftzeugnisse machen, die uns aus dem antiken Alltag erhalten geblieben sind.

Der vorliegende Kauderwelsch-Band stellt die ägyptische Sprache und Hieroglyphenschrift der Ramessidenzeit auf einfache und unkonventionelle Weise dar und erfordert keine speziellen Vorkenntnisse. Die Sätze im Konversationsteil des Buches sind nicht frei erfunden, sondern – wo nötig mit leichten Veränderungen – antiken Originalquellen entnommen. Sie stammen aus Briefen und Erzählungen, die vor drei Jahrtausenden auf Papyrusblättern oder Ton- und Steinscherben niedergeschrieben und in der Neuzeit von den Ägyptologen wieder entziffert wurden. Die einzelnen Quellenangaben kann man im Band Nr. 6 (1998) der ägyptologischen Zeitschrift "Lingua Aegyptia" (ISSN 0942-5659) nachlesen, wo auch weitere Bemerkungen zu diesem Buch gemacht werden, die für Fachleute interessant sind.

Bei der Vorbereitung des Bandes waren mir folgende Personen mit vielfältigen Anregungen, Hinweisen und Korrekturen behilflich: Dipl. Ing. Wolfgang Fedderken, Dr. Eckart Frahm, Ralf Gesellensetter, Prof. Dr. Friedrich Junge, Dr. Frank Kammerzell, Peter

Meyer, Matthias Müller, PD Dr. Heike Sternberg-el Hotabi und Prof. Dr. Wolfhart Westendorf. Friedrich Junge und Heike Sternberg-el Hotabi steuerten auch die Fotografien bei. All ihnen danke ich herzlich.

WAS IST ÄGYPTISCH?

Das Ägyptische ist die am längsten bezeugte Sprache der Erde. Die Überlieferung setzt um 3100 v. Chr. ein, als im Niltal die Hieroglyphenschrift erfunden wurde, welche neben der etwa gleichzeitig in Mesopotamien entwickelten Keilschrift die erste Schrift überhaupt ist. In den folgenden Jahrtausenden produzierten die schreibfreudigen Ägypter eine Unmenge an Texten, von denen sich, begünstigt durch das trockene Wüstenklima, viele bis heute erhalten haben. Als in den ersten Jahrhunderten unserer Zeitrechnung in Ägypten, das mittlerweile zu einer Provinz des römischen Imperiums hinabgesunken war, das Christentum Einzug hielt, geriet mit der alten Religion auch die Hieroglyphenschrift in Vergessenheit. Von nun an schrieben die Ägypter ihre Sprache in einer Variante des griechischen Alphabets. Im siebten Jahrhundert n. Chr. eroberten die Araber das Land und führten ihre Sprache und wiederum eine neue Religion ein, den Islam. Langsam aber sicher begann jetzt das Arabische die einheimische Sprache abzulösen. Noch im siebzehnten Jahrhundert sprachen die letzten Menschen in entlegenen Gegenden Oberägyptens eine Spätform des Ägyptischen als Muttersprache. Heute ist das Ägyptische als lebende Sprache ausgestorben, allerdings verwenden es die gegenwärtig etwa acht Millionen ägyptischen orthodoxen Christen, die sogenannten Kopten, als Liturgiesprache in ihrer Kirche, in einer Rolle wie sie das Latein hierzulande in der katholischen Kirche spielt. Heute spricht man in Ägypten einen arabischen Dialekt (Ägyptisch-

Arabisch, Kauderwelsch Bd. 2). Das Arabische ist mit dem Altägyptischen nicht näher verwandt. Allerdings sind ins Ägyptisch-Arabische manche Wörter eingedrungen, die aus dem Altägyptischen stammen; hierzu gehören viele moderne ägyptische Ortsnamen. Selbst im Deutschen gibt es einige Wörter, die – vermittelt durch das Altgriechische – letztendlich ägyptischen Ursprungs sind, beispielsweise *Barke* (aus  **bére** "Frachter"), *Gummi* (aus  **k^{w}áme** "Harz") und *Oase* (aus **wé He** "Oase").

Die ägyptische Sprache hat sich natürlich in den 5000 Jahren, in denen sie überliefert ist, erheblich verändert. Im vorliegenden Band wird das sogenannte "Neuägyptische" beschrieben, das in der zweiten Hälfte des "Neuen Reiches" verwendet wurde, also ca. 1300–1070 v. Chr. Diese Zeit ist auch als "Ramessidenzeit" bekannt, weil sich in ihr die meisten Pharaonen "Ramses" nannten. Die kulturgeschichtlichen Informationen in diesem Kauderwelsch-Band beziehen sich ebenfalls auf die Ramessidenzeit und treffen für andere Epochen nicht unbedingt zu.

In der Ramessidenzeit war Ägypten ein imperiales Großreich mit einem sehr regen geistigen und kulturellen Leben, und aus dieser Epoche stammt ein großer Teil der heute noch in Ägypten sichtbaren antiken Monumente (u.a. Abu Simbel, Ramesseum, Medinet Habu, "Großer Säulensaal" im Karnak-Tempel, zahlreiche Gräber im Tal der Könige).

Neuägyptisch ist die Sprache, in der Alltagsäußerungen wie Briefe, Notizen, Quittungen, Verwaltungsakten und sonstige Gebrauchstexte sowie auch große Teile der schönen Literatur geschrieben wurden. Inschriften von religiösem und offiziellem Charakter verfaßte man zur selben Zeit aber in der "klassischen Sprache", das im Prinzip eine ältere Form des Ägyptischen darstellt. Auf Klassisch-Ägyptisch sind also die meisten Texte abgefaßt, die man als Tourist in den

Inschriften der Tempel und Gräber antrifft. Einige Hinweise zu dieser Sprachform finden sich im Anhang "Tempelinschriften auf Klassisch-Ägyptisch" am Ende des Bandes.

ZUR MODERNEN KENNTNIS DER SPRACHE

Der Begründer der Ägyptologie, der Franzose Jean François Champollion, hatte schon als Kind davon geträumt, eines Tages die ägyptischen Hieroglyphen zu entziffern. Er arbeitete sich daher gründlich in die Spätform der ägyptischen Sprache ein, die bei den christlichen Ägyptern gepflegt wurde. Im Jahre 1799 wurde auf Napoleons Ägyptenfeldzug ein antikes Priesterdekret entdeckt, das ein und denselben Text in Hieroglyphen, in demotischer Schrift und in griechischer Übersetzung enthält: der berühmte Stein von Rosetta, der heute im Britischen Museum in London ausgestellt ist. Nach langem Probieren gelang Champollion anhand dieses Denkmals im Jahr 1822 der Durchbruch bei der Entzifferung. Seitdem bemühen sich Generationen von Forschern darum, das Ägyptische immer besser zu erschließen.

Die ägyptische Aussprache ist natürlich nur ungenau bekannt, zumal in den Hieroglyphen nur die Mitlaute geschrieben werden. Die Selbstlaute kennt man fast nur aus den späten Wiedergaben in griechischer Schrift, woraus man die älteren Formen nach bestimmten Lautgesetzen zu rekonstruieren versucht. Die Ergebnisse können aber nur näherungsweise korrekt sein, und man muß damit rechnen, daß sie nicht in allen Fällen das Richtige treffen.

Man wird auch leicht einsehen, daß wir die Alltagssprache des antiken Ägypten viel schlechter kennen als die einer modernen Gesellschaft. Wir sind ja allein auf die Informationen angewiesen, die wir den antiken Texten entnehmen, ohne daß uns ein lebender

Sprecher kontrollieren und auf Irrtümer aufmerksam machen könnte. Wenn wir eine Zeitreise unternehmen und unser Wissen im Gespräch mit einem antiken Ägypter ausprobieren würden, könnte es durchaus vorkommen, daß er viele Sätze als grammatisch schief, zu schriftsprachlich, oder aber unhöflich, belustigend oder sonstwie in der Situation unpassend empfinden würde, abgesehen davon, daß er mit Sicherheit große Mühe hätte, unsere in vielen Details ungenaue Aussprache zu verstehen.

Die Sprache wird hier so dargestellt, wie es der Verfasser nach dem neuesten Stand der Wissenschaft für angemessen hält. Zukünftige Forschungsergebnisse können durchaus noch zur Revision bestimmter Punkte führen.

SCHRIFT UND AUSSPRACHE

In der pharaonischen Zeit schrieb man Ägyptisch in zwei miteinander eng verwandten Schriftarten, grob vergleichbar mit unserem Nebeneinander von Druck- und Schreibschrift:

1) in *Hieroglyphen*, wenn man Texte religiösen oder offiziellen Inhalts auf Tempel- und Grabwände oder Denksteine einmeißelte. Auch das auf Papyrus geschriebene ägyptische "Totenbuch" ist meist in Hieroglyphen abgefaßt.

2) auf *Hieratisch*, wenn man alltägliche oder auch literarische Texte mit dem Griffel auf Papyrus, Ton, Stein oder ähnliche Materialien schrieb. Nur gelegentlich wurde Hieratisch auch in Stein gemeißelt. In der Mitte des 1. Jahrtausends v. Chr. entwickelte sich aus dem Hieratischen eine weitere kursive Schriftform, die Demotisch genannt wird.

Der Unterschied zwischen Hieroglyphen und Hieratisch besteht vor allem in der Sorgfalt bei der Ausführung der einzelnen Zeichen: In der Hieroglyphenschrift stellt jedes Zeichen ein eigenes Bild dar, das oft künstlerisch gestaltet und sogar farbig ausgemalt wird. Im Hieratischen sind die Zeichenformen soweit reduziert, daß man sie bequem und schnell mit der Hand zeichnen kann, und häufig werden mehrere Zeichen in einer einzigen Strichführung miteinander verbunden.

Der Unterschied zwischen Hieroglyphen und Hieratisch geht nun etwas über den zwischen unserer Druck- und Schreibschrift hinaus, denn die Ägypter verwendeten oft für dasselbe Wort je nach der gewählten Schriftform unterschiedliche Schreibweisen. Als Faustregel gilt, daß man im Hieratischen, wo die einzelnen Zeichen weniger klar erkennbar sind als in den Hieroglyphen, eher eine größere Zahl von Einzelzeichen pro Wort schreibt.

Zum Beispiel gibt es für das Wort "gut" in hieroglyphischen Inschriften zwei Schreibweisen, die ungefähr gleich häufig sind: eine ausführliche ( ) und eine abgekürzte ( ). In der hieratischen Handschrift bevorzugt man mit Rücksicht auf bessere Erkennbarkeit die ausführliche Variante, die hier so aussieht:

Das ramessidische "Neuägyptisch", das in diesem Kauderwelsch-Band dargestellt wird, schrieben die Ägypter meist auf Hieratisch, weil man für Monumentalinschriften die ehrwürdige klassische Sprache vorzog. Wir benutzen aber hier zu ihrer Wiedergabe Hieroglyphen, denn sie sind viel deutlicher voneinander zu unterscheiden als die hieratischen Kürzel und auch weniger den individuellen Schwankungen der Schreiberhand unterworfen. Es ist immer die ausführliche Schreibweise angegeben, so wie sie im Hieratischen üblich ist.

Hieroglyphische Texte lassen sich in Zeilen oder in Spalten schreiben und, davon unabhängig, von rechts nach links oder von links nach rechts. So ergeben sich vier mögliche Schreibrichtungen:

Zeilenschreibweise:

von links nach rechts:

von rechts nach links:

Spaltenschreibweise:

von links nach rechts:  und von rechts nach links: 

Es handelt sich in allen Fällen um den Satz "Ich sagte es ihm".
Für die Leserichtung gibt es zwei einfache Regeln:

1) Übereinanderstehende Zeichen liest man von oben nach unten.
2) Nebeneinanderstehende Zeichen liest man von der Seite, in die die menschen- und tierförmigen Hieroglyphen blicken.

Das bedeutet, daß die Zeichen bei rechtsläufiger Schreibung im Vergleich zur linksläufigen Schreibung gespiegelt werden.
Man liest also die Zeichen des obigen Satzes in der Reihenfolge:

1 2 3 4 5 6 7.

Während in künstlerisch anspruchsvollen Inschriften alle vier Möglichkeiten der Zeichenanordnung genutzt werden, hat es sich für normale Texte durchgesetzt, in Zeilen oder in Spalten von *rechts nach links* zu schreiben. Hieratisch schreibt man in der Ramessidenzeit immer in Zeilen von rechts nach links.
In diesem Kauderwelsch-Sprachführer entscheiden wir uns aus praktischen Gründen für die Zeilenschreibweise von *links nach*

rechts, weil so die Wort-für-Wort-Übersetzung besser eingefügt werden kann. Auch die meisten modernen Wörterbücher und Grammatiken des Ägyptischen schreiben die Wörter nach dem Vorbild europäischer Schriften von links nach rechts.
Die Ägypter verwenden keinerlei Satzzeichen, und Wörter und Sätze folgen ohne Zwischenraum aufeinander. In diesem Kauderwelsch-Sprachführer trennen wir allerdings zur Verdeutlichung die einzelnen Wörter voneinander ab. Wenn man "richtig" in Hieroglyphen schreiben will, läßt man die Zwischenräume einfach weg.
Die Gesamtzahl der Hieroglyphen ist nicht einfach zu bestimmen. Wenn man alle Zeichen zusammennähme, die zu irgendeiner Zeit an irgendeinem Ort einmal gebraucht wurden, käme man auf viele Tausend, doch hat nie ein einzelner Ägypter all diese Zeichen beherrscht. Ein Schreiber der Ramessidenzeit verwendet nicht mehr als ungefähr 700 Zeichen, von denen wiederum viele nur selten vorkommen und notfalls auch durch gewöhnlichere Zeichen ersetzt werden können.
Was bedeutet nun ein einzelnes Zeichen in der Hieroglyphenschrift? Obwohl es sich größtenteils um Bilder zu handeln scheint, ist die ägyptische Schrift von unserer doch gar nicht so sehr verschieden, was die Funktionsweise betrifft. Die meisten Zeichen innerhalb eines Textes geben nämlich Laute der gesprochenen Sprache wieder. Dabei werden, ähnlich wie noch heute in der arabischen Schrift, nur die Mitlaute geschrieben; die Selbstlaute muß man aus dem Zusammenhang ergänzen.
Die folgende Tabelle zeigt häufige Hieroglyphen für einzelne Mitlaute. Es gibt oft mehrere Zeichen, die sich in der Aussprache nicht unterscheiden. Dieselbe Erscheinung kennen wir auch im Deutschen, wo z.B. *f* und *v* meist gleich gesprochen werden. Andererseits haben manche Hieroglyphen auch mehr als eine Aussprachemöglichkeit, die dann als 1), 2), 3) aufgezählt sind.

Noch eine Bemerkung zur Aussprache: Bei drei Mitlauten unterscheidet man eine schwach behauchte (**t**, **k**, **č**) und eine stark behauchte Variante ($\mathbf{t^h}$, $\mathbf{k^h}$, $\mathbf{č^h}$), die sich in der Intensität des aus dem Mund ausgestoßenen Luftstromes unterscheiden. Eine solche Unterscheidung ist innerhalb der meisten europäischen Sprachen unbekannt, aber wir finden beide Varianten über unterschiedliche Sprachen verteilt: Beispielsweise wird das *t* im Französischen immer schwach behaucht ("*tête*"), im Deutschen und vor allem im Englischen wird es dagegen relativ stark behaucht ("*Tag*", "*tea*").

Hieroglyphe(n)		Umschrift	Bemerkungen zur Aussprache
 ,		**b**	
		č	etwa wie *tsch* in "tschüß", schwach behaucht
	1)	**č**	(ebenso)
	2)	**t**	*t*, schwach behaucht
		$\mathbf{č^h}$	*tsch*, stark behaucht
	1)	$\mathbf{č^h}$	(ebenso)
	2)	$\mathbf{t^h}$	*t*, stark behaucht
 ,		**ch**	Wir empfehlen eine Aussprache wie *ch* in dt. "lachen".
		ch	Wir empfehlen auch hier eine Aussprache wie *ch* in dt. "lachen". Zu dem Laut **ch** muß allerdings ein Unterschied in der Aussprache bestanden haben. Worin er genau bestand, ist noch ungeklärt.
		f	
		g	

		h	Dieser Laut soll stets hörbar sein, er ist nie bloßes Dehnungszeichen.
Das Zeichen kommt nur am Wortende vor.	1)	***stumm*** (meist)	
	2)	j (seltener)	
	1)	$\mathbf{k^w}$ (meist)	*k*, schwach behaucht und mit gleichzeitiger Lippenrundung
	2)	**k** (seltener)	*k*, schwach behaucht
		$\mathbf{k^h}$	*k*, stark behaucht
		m	
	1)	**m**	
	2)	**n** (seltener)	
		n	
	1)	**n**	
	2)	**l** (seltener)	
		$\mathbf{p^h}$	*p*, stark behaucht
		r	Mit der Zungenspitze gesprochen
	1)	**r**	Mit der Zungenspitze gesprochen
	2)	**l** (seltener)	
	3)	***stumm*** (bes. am Wortende)	
		s	Normalerweise stimmlos wie in deutsch "lassen"
		š	Wie *sch* in dt. "schön"

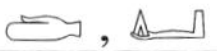		t	*t*, schwach behaucht
		t^h	*t*, stark behaucht
	1) 2)	t^h ***stumm*** (bes. am Wortende)	(ebenso)
		w	mit Lippenrundung gesprochen wie englisches *w*
	1) 2)	w bes. am Wortanfang ***stumm*** (meistens)	(ebenso)
		**H**	Ein mit Kontraktion der Schlundmuskulatur hervorgebrachtes *h*.. Es klingt intensiver als **h**. Diesen Laut gibt es auch im Arabischen, z. B. im Namen "MuHammad" (Mohammed). Wer einen Araber kennt, sollte ihn sich einmal vorsprechen lassen.
		*	Das stimmhafte Gegenstück zu **H**, im Klang einem Würgegeräusch ähnlich. Dieser Laut, das "Ayin" des Arabischen und Hebräischen, ist für europäische Zungen sehr ungewöhnlich. Man kann ihn sich von einem Araber z. B. im Wort "*arabi" ("Araber") vorsprechen lassen.
	1) 2)	* ***stumm*** (seltener)	(ebenso)

Neben diesen alphabetischen Grundzeichen, auch "Einkonsonantenzeichen" genannt, gibt es Zeichen, die eine Folge von zwei Mitlauten ausdrücken und konsequenterweise "Zweikonsonantenzeichen" heißen. Dabei geht aus der Schrift nicht hervor, ob man dazwischen einen Selbstlaut zu sprechen hat und wenn ja, welchen. So ist das Zeichen manchmal als Mitlautgruppe **wn** zu lesen, manchmal auch als Folge von **w** + **n** mit einem beliebigen ägyptischen Selbstlaut (**a**, **i**, **u**, **e**) dazwischen. Häufig vorkommende sogenannte "Zweikonsonantenzeichen" sind:

wn, wan, win, wun, wen	**ms, mas, mis, mus, mes**
chn, chan, chin, chun, chen	**mt^{h}, mat^{h}, mit^{h}, mut^{h}, met^{h}**
gm, gam, gim, gum, gem	**nb, nab, nib, nub, neb**
Hm, Ham, Him, Hum, Hem	**nw, naw, niw, nuw, new**
Hn, Han, Hin, Hun, Hen	**p^{h}H, p^{h}aH, p^{h}iH, p^{h}uH, p^{h}eH**
Hs, Has, His, Hus, Hes	**p^{h}r, p^{h}ar, p^{h}ir, p^{h}ur, p^{h}er**
Ht, Hat, Hit, Hut, Het	**sn, san, sin, sun, sen**
jb, jab, jib, jub, jeb	**šn, šan, šin, šun, šen**
k^{h}m, k^{h}am, k^{h}im, k^{h}um, k^{h}em	**šp^{h}, šap^{h}, šip^{h}, šup^{h}, šep^{h}**
k^{w}t, k^{w}at, k^{w}it, k^{w}ut, k^{w}et	**št, šat, šit, šut, šet**
mH, maH, miH, muH, meH	**wt, wat, wit, wut, wet**
mn, man, min, mun, men	***k^{w}, *ak^{w}, *ik^{w}, *uk^{w}, *ek^{w}**

Die Hasen-Hieroglyphe kommt z. B. in folgenden Wörtern vor:

wná "Stunde",

wán "öffnen", und

wíne "vorübergehen".

In Sprachen mit einer langen Schreibtradition kann es passieren, daß das Schriftbild eines Wortes aus einer längst vergangenen Zeit überliefert ist und mit seiner gegenwärtigen Aussprache nicht mehr übereinstimmt. So sind etwa im Französischen *e*, *s*, *t* und *r* – besonders am Wortende – vielfach "stumm" und haben keine Entsprechung in der Aussprache. Im Lateinischen, dem Urahn des Französischen, wurden dagegen an diesen Stellen die entsprechenden Laute noch gesprochen.
Im Neuägyptischen ist das ganz ähnlich, denn die ägyptische Schrift ist zu dieser Zeit ja schon zwei Jahrtausende lang in Gebrauch, so daß sich zahlreiche althergebrachte Rechtschreibkonventionen herausbilden konnten. Hier sind vor allem die Zeichen für *j*, *w*, *t* und *r* häufig "stumm", aber auch andere Zeichen sind betroffen. Der Grund kann darin liegen, daß in einer älteren Form der Sprache der betreffende Mitlaut wirklich einmal gesprochen wurde und die Schreibung sich der gewandelten Aussprache nicht angepaßt hat, oder aber auch darin, daß der Schreiber nur vermutete, das Wort sei früher vielleicht einmal mit diesem oder jenem Mitlaut gesprochen worden.

Soweit die Lautzeichen, die uns im Prinzip schon von unserer eigenen Schrift her vertraut sind. Daneben gibt es im Ägyptischen noch einen anderen Typ von Zeichen, nämlich die "Sinnzeichen". Sie werden nicht mitgesprochen, sondern signalisieren die ungefähre Bedeutung eines Wortes. Sinnzeichen schreibt man immer *nach* den Lautzeichen am Wortende. In unserer Schrift sind derartige Symbole selten. Immerhin kann man hiermit das Kreuz † vergleichen, daß man manchmal hinter den Namen verstorbener Personen setzt. Dieses Zeichen wird auch nicht ausgesprochen und signalisiert doch eine bestimmte Bedeutung. Häufige ägypt. Sinnzeichen sind etwa:

	männliche Person		weibliche Person
	männliche Gottheit		weibliche Gottheit
	Kind		Tier
	Körperteil		Gewebe, Kleidung
	Baum		kleinere Pflanze
	Objekt aus (totem) Holz		Objekt aus Stein
	Gebäude		Siedlung
	Land, Boden		Strecke, Entfernung
	Zeit, Licht		Wärme
	flüssig		klein, elend
	sehen		Bewegung (allgemein)

Bein, Bewegung mit den Beinen

geistige Betätigung, fühlen, sprechen, essen

intensive Betätigung des Mundes (rufen, beißen)

, Tätigkeit, die Kraftaufwand erfordert (beide Zeichen sind gleichbedeutend, die Auswahl erfolgt nach Raumerwägungen)

abstrakter Begriff, für den kein spezielleres Sinnzeichen zur Verfügung steht

Als drittes hat die Hieroglyphenschrift Zeichen, die weder etwas über die Aussprache verraten – so wie Lautzeichen – noch über die Bedeutungsklasse – so wie Sinnzeichen –, sondern die man nur zur Schreibung eines einzigen Wortes (mit seinen Ableitungen) verwendet. Sie heißen "Logogramme". Man muß sich zum Beispiel einprägen, daß das Zeichen im Wort **nat^{h}e** “Gott” (und in Ableitungen davon wie **nt^{h}úre** “Götter” und **nt^{h}áre** “Göttin”) vorkommt: Dem Zeichen selbst ist weder etwas über seine Aussprache noch über eine Eigenschaft des Begriffs “Gott” anzusehen. Logogramme sind auch unsere Zahlzeichen wie 1, 2, 3. Um zu wissen, was “2” bedeutet, muß man das Zeichen extra gelernt haben. Schreibt man dagegen dasselbe Wort mit Lautzeichen “zwei”, kann man sich die Bedeutung herleiten, sofern man nur die Buchstaben kennt und deutsch spricht. Beispiele für andere ägyptische Logogramme sind:

náfe gut

mú*e Wahrheit

áHe stehen

snít sich fürchten

Einige wenige Hieroglyphen haben mehrere Funktionen. So fungiert sowohl als Lautzeichen **p^h + r** wie auch als Sinnzeichen “Gebäude”.

Ein sehr verbreitetes Prinzip der ägyptischen Schrift ist die *redundante* Schreibung, d. h. daß man mehr Zeichen in einem Wort schreibt, als eigentlich notwendig erscheinen. Dies wird schon aus der Tatsache deutlich, daß viele Wörter zuerst lautlich ausgeschrieben werden und dann zusätzlich ein Sinnzeichen hinzutritt, das noch einmal auf die Bedeutung hinweist. Darüber hinaus wird aber häufig sogar ein einziger Laut in einem Wort mehrfach mit unterschiedlichen Zeichen geschrieben, oder ein Wort kann mehrere Sinnzeichen mit ähnlicher Bedeutung aufweisen. (Wenn mehrere Sinnzeichen stehen, folgt das allgemeinere auf das speziellere.)

Das bisher Gesagte machen wir uns am besten an einem konkreten Beispiel klar: Das Wort für "Stunde", gesprochen etwa **wná**, schreibt man meist als Gruppe von sieben Hieroglyphen: zu lesen in der Reihenfolge .

Die ersten vier Zeichen sind dabei Lautzeichen: steht für die Mitlautfolge **w+n**. Das Zeichen verdeutlicht den Mitlaut **n** noch einmal, obwohl er eigentlich schon in der Hasenhieroglyphe zum Ausdruck kommt. Der Grund liegt einerseits darin, daß gerade in der Handschrift nicht immer jedes Zeichen klar zu erkennen und eine gewisse Redundanz daher wünschenswert ist. Andererseits versucht man die Zeichen so auszuwählen, daß eine optisch ansprechende Gruppe ohne Leerraum entsteht; unter den Hasen paßt das Zeichen der Wasserlinie aber hervorragend und bildet mit ihm zusammen ein ausgewogenes Quadrat. Die Hieroglyphe hat im Neuen Reich keine andere Bedeutung als und steht ebenfalls nur als redundante Schreibung. Der Laut *n* ist also schon dreimal geschrieben, obwohl er nur einmal gesprochen wird! Das Zeichen , in vielen Fällen als **t^h** zu sprechen, wird in diesem Wort wie auch sonst häufig am Wortende in der Aussprache überhaupt nicht berücksichtigt.

Die Funktion der beiden letzten besprochenen Zeichen kann man noch etwas besser verstehen, wenn man die älteren Formen des Ägyptischen mitberücksichtigt. Im Pyramidenzeitalter des dritten vorchristlichen Jahrtausends, als sich die Schreibkunst in Ägypten ausbreitete, wurde das Wort nämlich noch anders gesprochen, ungefähr **wnáwt^h**. Hier war also die Hieroglyphe **t^h** durchaus sinnvoll, und galt damals als Zweikonsonantenzeichen für die Folge **n+w** und mußte stehen, um das zweite **w** auszudrücken. Obwohl später die Mitlaute **w** und **t^h** in der Aussprache des Wortes fortfielen, behielt man seine alte Schreibung bei.

Es folgen noch drei Sinnzeichen: der Stern steht (unter anderem) bei den Wörtern für "Stunde" und "Monat", da diese beiden

Zeiteinheiten mit Hilfe der Sternenbeobachtung gemessen wurden. Die Sonne , in der Schrift meist noch von einem Strich begleitet, ist ein allgemeineres Sinnzeichen und steht generell bei Wörtern, die Zeit oder Zeiteinheiten bezeichnen.

Trotz der Vielzahl an Hieroglyphen wird das **a** überhaupt nicht ausgedrückt, da die Ägypter Selbstlaute grundsätzlich nicht schreiben. Wir kennen es nur aus später überlieferten Wiedergaben dieses Wortes in koptischer Buchstabenschrift.

Man kann nicht die Schreibung jedes Wortes genau begründen. Zum Beispiel kommt es vor, daß dieselbe Folge von zwei Mitlauten in einem Wort mit einem Zweikonsonantenzeichen geschrieben wird, in einem anderen Wort mit zwei Einkonsonantenzeichen. Das läßt sich genauso schwer erklären wie die Tatsache, daß im Deutschen ein und derselbe Laut in manchen Wörtern als *f* geschrieben wird ("folgen"), in anderen als *v* ("voll") und in noch anderen als *ph* ("Photo").

Während es bei uns eine stark reglementierte Orthographie gibt und nur für wenige Wörter mehrere zulässige Schreibungen koexistieren (statt "Photo" auch "Foto"), ist die Variationsbreite bei den Ägyptern viel größer. So findet man für das Wort "Stunde" neben der eben besprochenen Schreibung u.a. noch , und , und ähnlich ist es mit fast allen anderen Wörtern. Dabei handelt es sich nicht um Versehen, sondern um gewollte Vielfalt.

Manche Wörter haben eine besonders unregelmäßige Schreibweise. So wird das Wort für "Mensch" meistens geschrieben, was suggeriert, daß es die Mitlaute **r** und **č**^{h} enthalten würde. Wie wir jedoch wissen, war die Aussprache vielmehr **ráme**. Ein anderes Beispiel: Das **át**^{h}**e** zu sprechende Wort für "Vater" schreibt man ; das Zeichen , sonst immer **f** zu lesen und nicht zu den potentiell stummen Mitlauten gehörig, ist hier schlicht überflüssig.

Solche Wörter mit ungewöhnlicher Schreibung muß man ebenso als die Regel bestätigende Ausnahmen hinnehmen wie "Jog*h*urt" oder "File*t*" im Deutschen.

Selbstlaute (Vokale) und Betonung

Wir wissen nicht genau, wieviele verschiedene Selbstlaute es im Neuägyptischen gab. In diesem Sprachführer unterscheiden wir nur die drei grundlegenden Vokale **a**, **i** und **u**, obwohl dadurch sicherlich einige wichtige Nuancen verlorengehen, die in der Sprache bestanden haben.

In den meisten ägyptischen Wörtern wird entweder die vorletzte oder die letzte Silbe betont; sie ist hier mit einem Akzent markiert: **á**, **í**, **ú**. Wir verzichten auf ein Betonungszeichen in solchen Wortern, die als ganze unbetont gesprochen werden (dazu zählen Artikel und bestimmte persönliche Fürwörter). In einigen Wörtern ist die Betonung noch unbekannt, hier setzen wir ebenfalls keinen Akzent.

Ein **e** oder **é** zeigt an, daß man keine Hinweise dafür hat, welcher Selbstlaut zu sprechen ist. Das ist besonders in den unbetonten Silben der Fall, die die Ägypter wahrscheinlich sehr schwach und kurz artikulierten. Wir empfehlen, das unbetonte **e** immer wie das *e* in den deutschen Wörtern "hab*e*" und "atm*e*n" zu sprechen.

HAUPTWÖRTER (SUBSTANTIVE) UND ARTIKEL

Ägyptische Hauptwörter sind entweder männlich oder weiblich. Wenn es sich um die Bezeichnung für ein männliches oder weibliches Lebewesen handelt, steht damit das Geschlecht fest. Ansonsten kann man sich merken, daß ein Hauptwort immer männlich ist, wenn es in der Aussprache auf einen *Mitlaut* endet. Für die anderen Fälle gibt es keine einfache Regel. Aus der hieroglyphischen Schreibung läßt sich das Geschlecht auch nicht eindeutig vorhersagen. In der Wörterliste am Ende des Buches ist deswegen das Geschlecht der Hauptwörter extra angegeben.

awín	"Farbe"	ist männlich,
Hát^{h}e	"Gefahr"	ist weiblich,
Hát^{h}e	"Bett"	ist männlich.

Es gibt bestimmte und unbestimmte Artikel in Einzahl und Mehrzahl. Der bestimmte Artikel der Einzahl unterscheidet sich je nach dem Geschlecht des Hauptwortes. Die übrigen Artikel sind für beide Geschlechter gleich. Da es im Deutschen keinen unbestimmten Artikel der Mehrzahl gibt, geben wir ihn in der Wort-für-Wort-Übersetzung behelfsweise als "einige" wieder.

männlich:

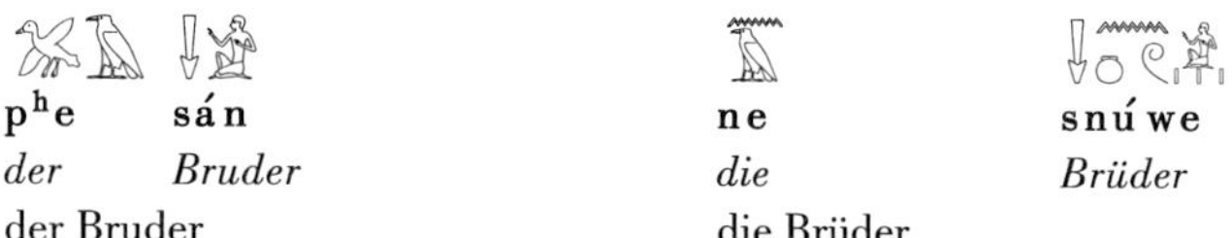

p^{h}e	**sán**	**ne**	**snúwe**
der	*Bruder*	*die*	*Brüder*
der Bruder		die Brüder	

we*	**sán**	**nhejne**	**snúwe**
ein	*Bruder*	*einige*	*Brüder*
ein Bruder		Brüder	

weiblich:

tʰe	**sáne**	**ne**	**sáne**
die	*Schwester*	*die*	*Schwestern*
die Schwester		die Schwestern	

we*	**sáne**	**nhejne**	**sáne**
ein	*Schwester*	*einige*	*Schwester*
eine Schwester		Schwestern	

Wenn man an den bestimmten Artikel ein j anhängt, erhält man das hinweisende Fürwort "dieser":

pʰej	**tʰej**	**nej**
dieser	diese	diese
(männlich)	(weiblich)	(Mehrzahl)

pʰej **sán**
dieser Bruder

Mehrzahl

Wenn man Ägyptisch verstehen will, kann man Einzahl und Mehrzahl am einfachsten anhand der Artikel auseinanderhalten. Das Hauptwort selbst unterscheidet sich in Ein- und Mehrzahl manchmal überhaupt nicht, so wie "Bürger" im Deutschen. Ansonsten ist die Bildung der Mehrzahl sehr kompliziert und kaum in Regeln zu fassen. Häufig hängt man eine Endung wie **-e**, **-we** oder **-je** an; außerdem kann es zu allerlei Veränderungen im Wortinnern kommen.

In der Schrift wird die Mehrzahl ganz anders bezeichnet: Man setzt hier hinter das Hauptwort meistens nur drei Striche: oder , die auf die Vielheit hinweisen. Verwirrenderweise stehen diese Striche bei manchen Wörtern allerdings auch in der Einzahl, besonders wenn es sich um abstrakte Begriffe oder Mengenbezeichnungen handelt.

Bei einigen Wörtern ist es auch üblich, in der Mehrzahl ein Sinnzeichen oder Logogramm doppelt oder dreifach zu schreiben. Am besten macht man sich das alles an einigen Beispielen klar:

	Einzahl		Mehrzahl	
Arbeiter		**bák^{h}**		**bjék^{h}je**
Berg		**táw**		**tewjú**
Bruder		**sán**		**snúwe**
Frau		**sHíme**		**Hjáme**

	Einzahl	Mehrzahl
Fuß	**rét**	**rétwe**
Gott	**nát^{h}e**	**nt^{h}úre**
Jahr	**rámp^{h}e**	**remp^{h}áwe**
Land	**t^{h}á**	**t^{h}áwe**
Mensch	**ráme**	**ráme**
Monat	**abát**	**ubúte**
Rind	**úH**	**úHe**
Stadt	**tíme**	**tmú**
Stunde	**wná**	**wnáwe**
Tag	**háwe**	**hrúwe**
Vater	**ját^{h}e**	**ját^{h}je**
Wort	**máte**	**mtúwe**

Bestimmte Stoffbezeichnungen gebraucht man meistens in der Mehrzahl:

ne ját^{h} “die Gerste”, **ne Hénk^{w}e** “das Bier”.

Fälle

Verschiedene Fälle gibt es im Ägyptischen nicht. Dem deutschen zweiten Fall (Wes-Fall) entspricht das Wörtchen , das wir auch als “von” übersetzen können. Es ist normalerweise **n** auszusprechen, verwandelt sich vor Lippenlauten (also z. B. b + p) aber zu **m**, was vor allem die Verbindung mit dem bestimmten Artikel **p^{h}e** betrifft.

ne	**nt^{h}úre**	**m**	**p^{h}e**	**t^{h}á**
die	*Götter*	*von*	*das*	*Land*

die Götter des Landes

t^{h}e	***u**	**n**	**súbe**
das	*Haus*	*von*	*Unterricht*

das Unterrichtshaus = die Schule

Manchmal kann auch fehlen, so daß dann die Hauptwörter direkt aufeinander folgen:

t^{h}e	**si**	**k^{w}ás**
die	*Stelle*	*Begräbnis*

die Begräbnisstelle (= das Grab)

EIGENSCHAFTSWÖRTER (ADJEKTIVE)

Eigenschaftswörter stehen immer hinter ihrem Hauptwort. Einige Eigenschaftswörter haben unterschiedliche Formen je nach dem Geschlecht und der Zahl und müssen dann mit dem Hauptwort übereinstimmen. Die Formenbildung ist dabei ähnlich kompliziert wie bei den Hauptwörtern. Bei dem Wort für "groß" (das sich bei

Personen immer auf das Alter, nicht auf die Körpergröße bezieht!) sieht das zum Beispiel so aus:

p^he	**sán**	***á**
der	*Bruder*	*groß*
der ältere Bruder		

t^he	**sáne**	***áe**
die	*Schwester*	*große*
die ältere Schwester		

ne	**snúwe**	***áje**
die	*Brüder*	*große*
die älteren Brüder		

ne	**sáne**	***áje**
die	*Schwestern*	*große*
die älteren Schwestern		

Aber keine Angst: Die meisten Eigenschaftswörter sind unveränderlich, so daß wir mit einer einzigen Form auskommen.

Steigern und Vergleichen

Eine Steigerungsform hat das Ägyptische nicht. Stattdessen kann man das Verhältniswort **e** benutzen, das normalerweise "zu" bedeutet und in diesem Zusammenhang als "im Vergleich zu" zu verstehen ist:

se	***é**	**eráj**
er	*groß*	*zu-ich*

"Er ist groß (d. h. alt) im Vergleich zu mir" = Er ist älter als ich.

PERSÖNLICHE FÜRWÖRTER

Den deutschen persönlichen Fürwörtern ("ich", "du", "er" usw.) entsprechen im Ägyptischen meistens die sogenannten "Suffixpronomina", das sind Endungen, die an ein anderes Wort angefügt werden. Sie kommen sehr häufig vor und können unter Umständen dem deutschen ersten Fall ("ich", "du" usw.), dritten Fall ("mir", "dir" usw.), vierten Fall ("mich", "dich" usw.) oder auch den besitzanzeigenden Fürwörtern ("mein", "dein" usw.) entsprechen.
Die Ägypter unterscheiden das Geschlecht nicht nur in der dritten Person, wie wir es mit "er, sie, es" tun, sondern drücken auch "du" unterschiedlich aus, je nachdem, ob sie einen Mann oder eine Frau ansprechen. In der Übersetzung geben wir das durch ein nachgestelltes Symbol ♂ oder ♀ wieder. Für "ich" gibt es eine Unterscheidung des Geschlechts nur in der Schrift, die Aussprache ist hier aber wie im Deutschen für einen Mann und für eine Frau dieselbe.
Bei Redewendungen im Textteil dieses Kauderwelsch-Bandes, in denen der Ausdruck "ich" oder "du" vorkommt, ist meist nur die männliche Form angegeben. Die weibliche Entsprechung kann man leicht bilden, indem man das Suffixpronomen austauscht.

Einzahl männlich			Einzahl weiblich			Mehrzahl		
ich♂		1)	ich♀		1)	wir		-n
du♂		$-k^h$	du♀		2)	ihr		$-t^h n$
er, es		-f	sie		-s	sie		-w

1) Das Suffixpronomen für "ich" wird nach einem Mitlaut **-e**, nach einem Selbstlaut **-j** gesprochen. Zum Beispiel:

eHút^{h}-	vor	**nsá-**	hinter
eHút^{h}e	vor mir♂	**nsáj**	hinter mir♂
eHút^{h}e	vor mir♀	**nsáj**	hinter mir♀

2) Das Suffixpronomen für “du♀” wird nach einem Mitlaut **-e**, nach einem Selbstlaut überhaupt nicht ausgesprochen:

eHút^{h}e	vor dir♀	**nsá**	hinter dir♀

Die Ägypter haben keine dem deutschen “Sie” entsprechende Höflichkeitsform in der Anrede: Man kann sich nur “duzen”.

BESITZANZEIGENDE FÜRWÖRTER

Wo man im Deutschen besitzanzeigende Fürwörter gebraucht, hängt man im Ägyptischen die Suffixpronomina an den bestimmten Artikel an. In der Schrift erweitert man zuvor den Artikel um das Element:

p^{h}e-	(Einzahl männlich)
t^{h}e-	(Einzahl weiblich)
ne-	(Mehrzahl)

In Verbindung mit dem Suffixpronomen für “ich” ergibt sich die besondere Aussprache **p^{h}a** “mein”, **t^{h}a** “meine (Einzahl)” bzw. **na** “meine (Mehrzahl)”.

t^{h}ef	**sáne**	**t^{h}a**	**sáne**
die-er	*Schwester*	*die-ich♂*	*Schwester*
seine Schwester		meine Schwester	

Bei bestimmten Hauptwörtern, besonders Bezeichnungen von Körperteilen, entfällt der Artikel meistens, und man hängt die Suffixpronomina direkt an das Hauptwort. Dieses wird dabei oft in der Aussprache verändert, was in der Hieroglyphenschrift nicht zum Ausdruck kommen muß:

rá	Mund	**ráj**	mein♂ Mund
rák^{h}	dein♂ Mund	**rá**	dein♀ Mund
jíre	Auge	**jít^{h}e**	mein♂ Auge
jít^{h}k^{h}	dein♂ Auge	**jít^{h}e**	dein♀ Auge
táre	Hand	**tát^{h}e**	meine♂ Hand
tát^{h}k^{h}	deine♂ Hand	**tát^{h}e**	deine♀ Hand
Hút^{h}e	Herz	**Ht^{h}új**	mein♂ Herz
Ht^{h}úk^{h}	dein♂ Herz	**Ht^{h}ú**	dein♀ Herz

Auch das Wort für "Name" gehört hierher:

rín	Name	**ríne**	mein♂ Name
rínk^{h}	dein♂ Name	**ríne**	dein♀ Name

PERSÖNLICHE FÜRWÖRTER ALS SUBJEKT ODER OBJEKT

Wenn das Subjekt ein persönliches Fürwort ist, gilt dieselbe Regel: In der Gegenwart steht es vor dem Tätigkeitswort, in der Vergangenheit und Zukunft dahinter. Allerdings ist die Form des Fürworts in den beiden Fällen verschieden.
Nehmen wir zuerst die Gegenwart. Hier benutzt man ein Fürwort aus der folgenden Tabelle:

Einzahl männlich		Einzahl weiblich		Mehrzahl	
ich♂ 	**$t^{h}i$**	ich♀	**$t^{h}i$**	wir	**$t^{h}en$**
du♂	**$t^{h}ek^{h}$**	du♀ 	**$t^{h}e$**	ihr	**$t^{h}et^{h}n$**
er, es	**se**	sie	**se**	sie	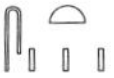 **se**

$t^{h}i$ **gíme**
ich♂ *finden*
ich finde

Um das Objekt (z.B. "mich", "dich", "ihn") auszudrücken, kann man eines der schon erwähnten Suffixpronomina an das Tätigkeitswort anhängen:

$t^{h}i$ **gíme-f**
ich♂ *finden-er*
ich finde ihn

Wenn man ein Suffixpronomen anfügt, werden manche Tätigkeitswörter allerdings verändert. Enden sie zum Beispiel in der Grundform auf einen gesprochenen Selbstlaut, dann schiebt man zwischen ihm und dem Suffixpronomen häufig noch ein Element **t^{h}** ein, wobei ein unbetontes **e** am Wortende wegfällt. Dieser Bindelaut ist nicht unbedingt obligatorisch, aber wir wollen uns den Versuch ersparen, für seinen Gebrauch genaue Regeln aufzustellen.
Der Satz "ich finde ihn" kann also auch heißen:

t^{h}i **gímt^{h}f**
ich♂ *finden-er*
ich finde ihn

Einige weitere Beispiele für solche Veränderungen bei unregelmäßigen Tätigkeitswörtern sind:

t^{h}i **čá**
ich sage

t^{h}i **čét^{h}f**
ich sage es

t^{h}i **íre**
ich tue

t^{h}i **íjf**
ich tue es

t^{h}i **tí**
ich gebe

t^{h}i **tíjf**
ich gebe es

t^{h}i **míje**
ich liebe; ich ziehe vor

t^{h}i **merít^{h}f**
ich liebe ihn; ich ziehe ihn vor

In der Vergangenheit benutzt man für das Subjekt, das hier ja nachgestellt werden muß, einfach das Suffixpronomen. Das Tätigkeitswort endet dabei auf ein betontes **-ú**. Die Zukunft bildet man genauso, nur daß an die Stelle von **-ú** ein **-á** tritt. Diese Selbstlaute werden in der Hieroglyphenschrift natürlich nicht geschrieben, so daß beide Formen gleich aussehen:

gemú -j
finden-ich♂
ich habe gefunden

gemá -j
finden-ich♂
ich werde finden / ich will finden / ich muß finden

Die persönlichen Fürwörter *als Objekt* ("mich", "dich", "ihn" usw.) können in der Vergangenheit/ Zukunft nun nicht auch noch mit den Suffixpronomina ausgedrückt werden. Vielmehr gibt es hier wieder eine eigene Reihe von Fürwörtern, in der man übrigens keinen Unterschied zwischen männlichen und weiblichen Formen macht, außer in der Schrift bei der Form für "mich":

Einzahl männlich			Einzahl weiblich			Mehrzahl		
mich♂		**j**	mich♀		**j**	uns		**n**
dich♂		**t^h^e**	dich♀		**t^h^e**	euch		**t^h^n**
ihn, es		**se**	sie		**se**	sie		**se**

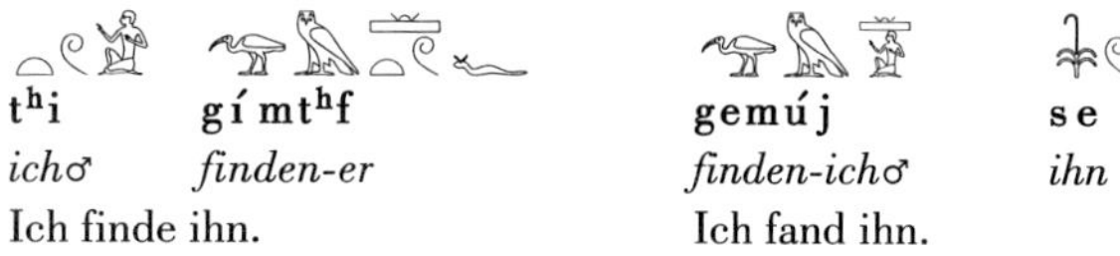

t^{h}i	gímt^{h}f		gemúj	se
ich♂	*finden-er*		*finden-ich♂*	*ihn*

Ich finde ihn. Ich fand ihn.

Wenn das Objekt ein persönliches Fürwort ist, das Subjekt aber nicht, tritt in der Vergangenheit und in der Zukunft das Subjekt hinter das Objekt:

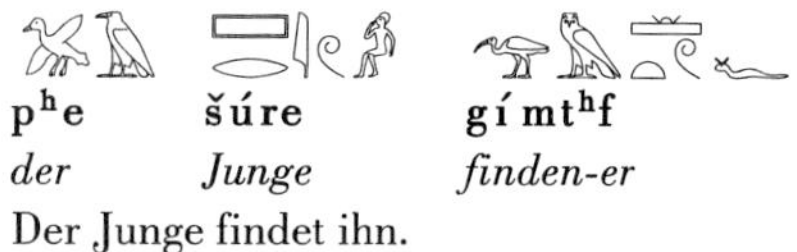

p^{h}e	šúre	gímt^{h}f
der	*Junge*	*finden-er*

Der Junge findet ihn.

geme	se	p^{h}e	šúre
finden	*ihn*	*der*	*Junge*

Der Junge fand ihn. / Der Junge wird, will, muß ihn finden.

TÄTIGKEITSWÖRTER (VERBEN)

Die wichtigsten Zeitformen werden weniger durch Unterschiede am Tätigkeitswort selbst, sondern vielmehr durch die Wortstellung unterschieden. Wenn das Subjekt (= der Täter) *vor* dem Tätigkeitswort steht, macht man eine Aussage über die Gegenwart:

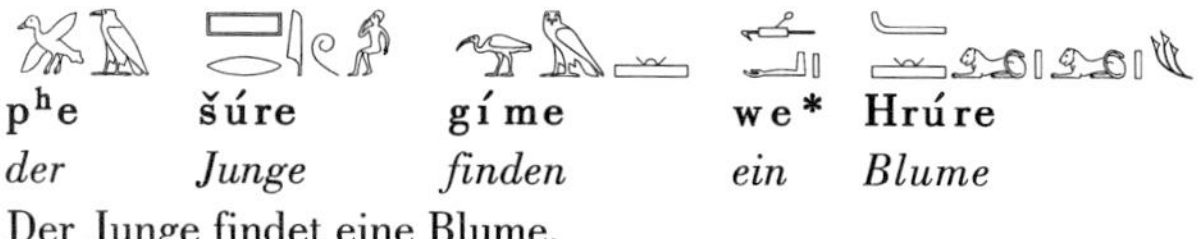

p^{h}e	šúre	gíme	we*	Hrúre
der	*Junge*	*finden*	*ein*	*Blume*

Der Junge findet eine Blume.

Wenn das Subjekt dem Tätigkeitswort *folgt*, handelt es sich entweder um eine Handlung der Vergangenheit oder der Zukunft. Das Tätigkeitswort wird in diesem Fall unbetont gesprochen, d.h. mit schwachen **e**'s vokalisiert, bleibt aber in der Schrift im Normalfall unverändert.

geme	**p^{h}e**	**šúre**	**we***	**Hrúre**
finden	*der*	*Junge*	*ein*	*Blume*

Der Junge hat eine Blume gefunden/fand eine Blume.
oder:
Der Junge wird eine Blume finden.

Die Ausdrücke "wollen", "sollen" und "müssen" gibt man auf ägyptisch einfach durch die Zukunftsform wieder. Der letzte Satz kann also auch bedeuten: "Der Junge will eine Blume finden", "der Junge möchte eine Blume finden", "der Junge soll eine Blume finden" oder "der Junge muß eine Blume finden".
Drei wichtige Wörter haben unterschiedliche Formen, je nachdem ob das Subjekt vor oder hinter ihnen steht:

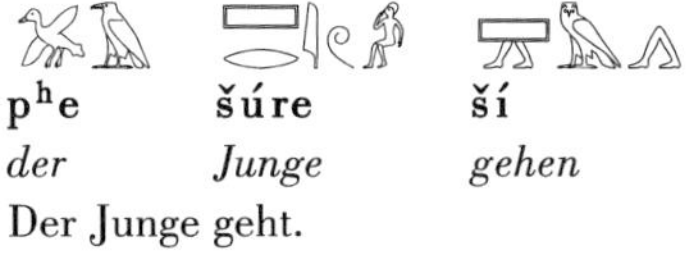

p^{h}e	**šúre**	**ší**
der	*Junge*	*gehen*

Der Junge geht.

Hene	**p^{h}e**	**šúre**
gehen	*der*	*Junge*

Der Junge wird gehen.

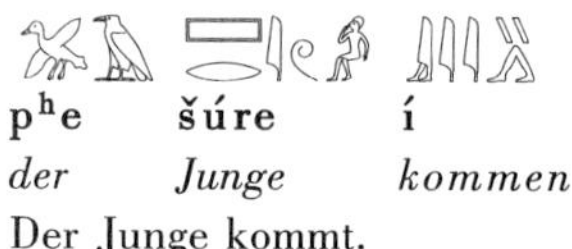

p^{h}e šúre í
der Junge kommen
Der Junge kommt.

ewe p^{h}e šúre
kommen der Junge
Der Junge wird kommen.

(Anmerkung: Wie unten erklärt wird, ist bei den Wörtern für "gehen" und "kommen" eine Übersetzung als Vergangenheit ausnahmsweise nicht möglich.)

p^{h}e šúre íre
der Junge tun
Der Junge tut.

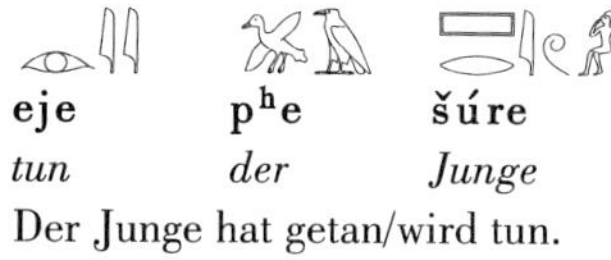

eje p^{h}e šúre
tun der Junge
Der Junge hat getan/wird tun.

Hallo!

Der Stativ

Das Tätigkeitswort kann in der Gegenwart, das heißt wenn es dem Subjekt folgt, in einer besonderen Form auftreten, die man als "Stativ" (Betonung auf der ersten Silbe: Státiv) bezeichnet. Diese Form ist eine Spezialität des Ägyptischen, zu der es in keiner europäischen Sprache eine Entsprechung gibt. Sie wird allerdings so häufig benutzt, daß man früher oder später nicht um sie herumkommt. In der Wort-für-Wort-Übersetzung geben wir den Stativ behelfsmäßig mit dem deutschen Partizip Perfekt wieder (z. B. "gefunden").

Wie verändert sich nun die Bedeutung, wenn ich ein Tätigkeitswort in den Stativ setze?

– Bei den Tätigkeitswörtern, die ein Objekt haben können, drückt der Stativ ein Passiv (Leideform) der Vergangenheit aus (obwohl der Satz, wie gesagt, in der Gegenwart konstruiert sein muß: Subjekt *vor* dem Tätigkeitswort).

se gíme
er finden
er findet

se gíme
sie finden
sie findet

se gámje
er gefunden
er wurde gefunden

se gmít^{h}e
sie gefunden
sie wurde gefunden

Der Unterschied zwischen "er" und "sie" wird hier im Ägyptischen in der oberen Reihe überhaupt nicht, in der unteren nur an der Stativform ausgedrückt!

– Bei Wörtern, die kein Objekt haben können, hat der Stativ einfach Vergangenheitsbedeutung. Für die Übersetzung ins Deutsche kann man in diesen Fällen häufig ein passendes Zustandsverb finden, das dann in der Gegenwart steht:

t^{h}i gráH
ich aufhören
ich höre auf

t^{h}i gréHt^{h}e
ich aufgehört
ich habe aufgehört = ich bin fertig

t^hi	**Hímse**	**t^hi**	**Hmást^{h}e**
ich	*sich-setzen*	*ich*	*sich-gesetzt*
ich setze mich hin		ich habe mich hingesetzt = ich sitze	

– Bei Tätigkeitswörtern der Bewegung ist der Stativ die ganz normale Vergangenheitsbezeichnung: Es ist hier unüblich, die Vergangenheit wie sonst durch die Satzstellung Tätigkeitswort – Subjekt auszudrücken. Besonders wichtige Tätigkeitswörter der Bewegung sind:

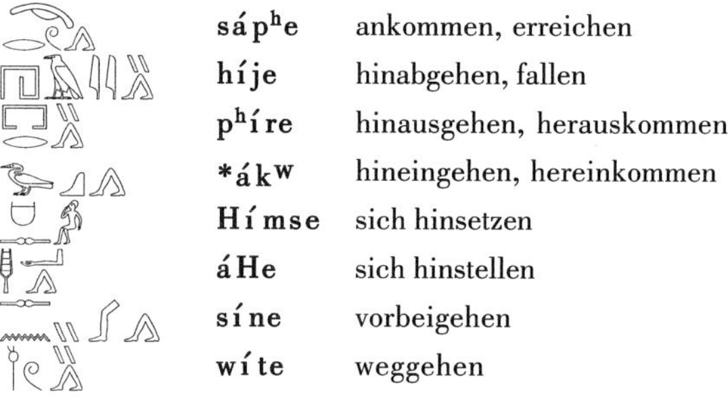

sáp^{h}e	ankommen, erreichen
híje	hinabgehen, fallen
p^{h}íre	hinausgehen, herauskommen
***ák^w**	hineingehen, hereinkommen
Hímse	sich hinsetzen
áHe	sich hinstellen
síne	vorbeigehen
wíte	weggehen

und vor allem “gehen” und “kommen”, die unregelmäßige Formen haben:

	Grundform	Stativ ohne Endg.	Stativ mit Endung
“gehen”	**ší**	**Hene**	**Hent^{h}e**
“kommen”	**í**	**éwe**	**ét^{h}e**

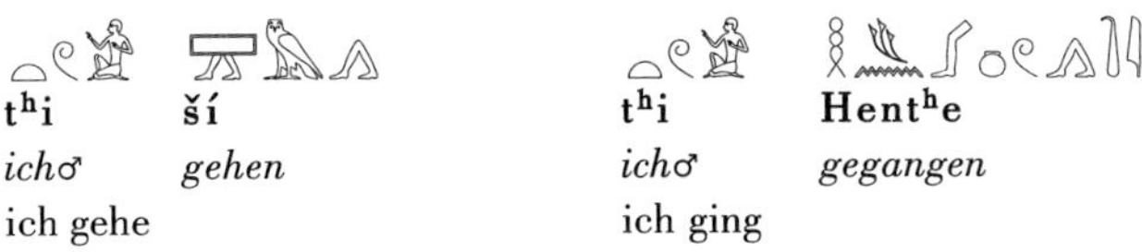

t^{h}i	**ší**	**t^{h}i**	**Hent^{h}e**
ich♂	*gehen*	*ich♂*	*gegangen*
ich gehe		ich ging	

Es gibt aber auch Wörter der Bewegung, von denen keine Stativform gebildet werden kann; die wichtigsten sind **p^{h}áH** "ankommen" und **máš*** "reisen". Bei ihnen drückt man deswegen die Vergangenheit wie bei den gewöhnlichen Tätigkeitswörtern durch die Wortfolge Tätigkeitswort – Subjekt aus.

– Einige Tatigkeitswörter, ihrer Bedeutung nach einen Zustand bezeichnen, bilden die Gegenwart normalerweise mit dem Stativ anstatt mit der Grundform:

t^{h}i	***néčht^{h}e**
ich♂	*gelebt*
Ich lebe.	

– Auch von Eigenschaftswörtern kann man einen Stativ bilden. Das ist die normale neuägyptische Entsprechung für die deutsche Kombination Eigenschaftswortes + Hilfsverb "sein":

t^{h}i	**nfért^{h}e**	**se**	**náfre**
ich♂	*gut*	*er*	*gut*
ich bin gut		er ist gut / es ist gut	

Wie der Stativ im einzelnen aussieht, hängt einerseits von der Verteilung der Mit- und Selbstlaute in der Grundform des Tätigkeitsworts ab. Andererseits spielt die grammatische Person des Subjekts eine Rolle: Steht das Subjekt in der 3. P. Ez. männlich ("er") oder in der 3. P. Mz. ("sie"), verändern sich meistens nur die Selbstlaute, so daß man den Stativ in der Hieroglyphenschrift von der Grundform des Tätigkeitsworts nicht unterscheiden kann. In allen anderen Fällen bekommt der Stativ die Endung **t^{h}e**. Das sieht dann so aus:

Deutsch	Hierogl.	Grundform	Stativ ohne Endung	Stativ mit der Endung t^{h}e
Tätigkeitswörter mit einem Mitlaut in der Grundform				
messen		**chí**	**chúwe**	?
Tätigkeitswörter mit zwei Mitlauten in der Grundform				
legen		**wáH**	**wúHe**	**wéHt^{h}e**
hinabgehen		**híje**	**húwe**	**hjáwt^{h}e**
finden		**gíme**	**gámje**	**gmít^{h}e**
Tätigkeitswörter mit drei Mitlauten in der Grundform				
vorbereiten		**gárg**	**gárge**	**grégt^{h}e**
dick werden		**wmát^{h}**	**wámt^{h}e**	**wmétt^{h}e**
kalt werden		**k^{w}báb**	**k^{w}úbe**	?
verschont bleiben		**wčíj**	**wáčje**	**wčít^{h}e**
sich setzen		**Hímse**	**Hmése**	**Hmást^{h}e**

Tätigkeitswörter mit vier Mitlauten in der Grundform

auf-schreiben		**sápʰchʰer**	**sepʰchʰáre**	**sepʰchʰártʰe**

Um also den Stativ von einem bestimmten Tätigkeitswort zu bilden, bestimmt man die Anzahl der Mitlaute sowie die Art und Position der Selbstlaute, die es in der Grundform hat, und sucht dann das entsprechende Musterwort in der Tabelle. Gruppen wie **ch**, **kʷ**, **pʰ**, **tʰ** und **kʰ**, die man jeweils nur als ein Mitlaut spricht, zählen konsequenterweise nur einfach, und man darf sich nicht dadurch verwirren lassen, daß wir sie in unserer behelfsmäßigen Umschrift mit zwei Zeichen wiedergeben.

Beispielsweise bildet man von allen Tätigkeitswörtern der Struktur *Mitlaut* + **á** + *Mitlaut* den Stativ genauso wie von **wáH** "legen" (also von **kʷát** "bauen": **kʷúte** und **kʷéttʰe**).

Damit die Sache nicht zu einfach bleibt, haben manche ägyptischen Tätigkeitswörter einen unregelmäßigen Stativ. Hierher gehört das Wort "geben", bei dem auch ein Unterschied in der Schreibung gemacht wird:

Grundform		**tí**
Stativ ohne Endung		**táje**
Stativ mit Endung		**tétʰe**

Noch mehr unregelmäßige Stativformen sind in der Wortliste am Ende des Kauderwelsch-Bandes aufgeführt.

Von manchen Tätigkeitswörtern kann man überhaupt keinen Stativ bilden. Beispielsweise gibt es keinen Stativ von **čá** "sagen", **wám** "essen" oder **míje** "lieben". Eine Regel dafür, von welchen Tätigkeitswörtern ein Stativ existiert und von welchen nicht, hat noch niemand finden können.

Noch mehr Zeitformen

Im Ägyptischen gibt es neben den drei bisher besprochenen noch viele weitere Zeitformen. Einige besonders wichtige davon sind folgende, wobei in allen Beispielen f "er" als Subjekt steht:

wnef gíme	er fand immer, er fand gewöhnlich
wnenf gíme	sobald er findet, wenn er findet
nt^{h}f gíme	und dann wird/will/soll er finden
eef gíme	er findet, er fand
eet^{h}f gíme	bis er findet, bis er fand

Wie man sieht, steht das Subjekt hier immer vor dem Tätigkeitswort. Man kann die Suffixpronomina als Subjekt und als Objekt benutzen. Das Tätigkeitswort, an das man ein Objektsfürwort anhängt, wird dabei genauso verändert, wie man es in der Gegenwart macht.
Neben der bisher erwähnten Zukunftsform gibt es eine weitere Möglichkeit zum Ausdruck der Zukunft, die ebenfalls sehr verbreitet ist. Auch sie kann die Nuancen des Wollens, Sollens und Müssens ausdrücken. Wenn das Subjekt ein Fürwort ist, verwendet man das Muster

e + Suffixpronomen + **e** + Tätigkeitswort.

Beispiel:

efe **gímt^{h}e**
er-wird *finden-ich*
Er wird/will/soll/muß mich finden.

Das Element muß man zwar auf jeden Fall mitsprechen, doch lassen die ägyptischen Schreiber es in der Schrift häufig einfach aus. Wenn das Subjekt kein Fürwort ist, fällt grundsätzlich weg, und statt wird meist geschrieben:

e	**p^{h}e**	**šúre**	**gímt^{h}k^{h}**
(*Zukunft*)	*der*	*Junge*	*finden-du*

Der Junge wird dich finden.

Befehlsform (Imperativ)

Bei einigen häufigen, kurzen Tätigkeitswörtern bildet man die Befehlsform, indem man ein unbetontes **a** an den Anfang stellt und den Selbstlaut der letzten Silbe in ein betontes **í** umwandelt. Man kann sich mit derselben Form an eine oder an mehrere Personen wenden:

čá	sagen		**ačí**	sag(t)!
íre	tun		**arí**	tu(t)!
íne	herbringen		**aní**	bring(t) her!
wán	öffnen		**awín**	öffne(t)!

Ansonsten läßt sich die Grundform des Tätigkeitswortes einfach als Befehlsform verwenden:

sátm hören/ höre!/ hört!

Ganz unregelmäßig sind die Befehlsformen von "geben" und "kommen":

tí geben

méthe oder **mé** gib!/gebt!

Das Tätigkeitswort **í** "kommen" ist darüberhinaus das einzige, das unterschiedliche Formen hat, je nachdem ob man zu einem Mann, einer Frau oder einer Gruppe spricht:

má	**mí**	**míjne**
komm! ♂	*komm!* ♀	*kommt!*

Ausdrücke für "sein"

Im Ägyptischen gibt es kein Tätigkeitswort, das dem deutschen "sein" entspricht. Betrachten wir zuerst, wie man auf ägyptisch "sein" in Verbindung mit einer Umstandsangabe ausdrückt, z.B. einer Bezeichnung des Ortes, an dem jemand oder etwas sich befindet.

Der ägyptische Satz beginnt mit einem Wort, das die Zeitstufe angibt; nur in der Gegenwart fehlt es. Also:

	wne	für die Vergangenheit
/	**e**	für die Zukunft
(nichts)		für die Gegenwart

Als nächstes folgt das Subjekt. Wenn dies ein persönliches Fürwort ist, drückt man sich genauso aus wie in Sätzen mit Tätigkeitswort: In der Vergangenheit und Zukunft steht also ein Suffixpronomen, in der Gegenwart ein Element aus der schon angeführten Tabelle, die hier noch einmal wiederholt wird:

Einzahl männlich		Einzahl weiblich		Mehrzahl	
ich♂	**$t^{h}i$**	ich♀	**$t^{h}i$**	wir	**$t^{h}en$**
du♂	**$t^{h}ek^{h}$**	du♀	**$t^{h}e$**	ihr	**$t^{h}et^{h}n$**
er, es	**se**	sie	**se**	sie	**se**

$t^{h}i$	**n**	**nú**
ich	*in*	*Theben*

Ich bin in Theben.

$p^{h}e$	**šúre**	**n**	**nú**
der	*Junge*	*in*	*Theben*

Der Junge ist in Theben.

wnej	**n**	**nú**
(Verg.)-ich	*in*	*Theben*

Ich war in Theben.

wne	**$p^{h}e$**	**šúre**	**n**	**nú**
(Verg.)	*der*	*Junge*	*in*	*Theben*

Der Junge war in Theben.

ej	**n**	**nú**
(Zuk.)-ich	*in*	*Theben*

Ich werde in Theben sein.

e	**$p^{h}e$**	**šúre**	**n**	**nú**
(Zuk.)	*der*	*Junge*	*in*	*Theben*

Der Junge wird in Theben sein.

Nehmen wir nun den Fall, daß auf "sein" im Deutschen ein Hauptwort folgt. Wenn dieses eine *vorübergehende* Eigenschaft bezeichnet, verwendet man die gerade behandelte Konstruktion, nur daß noch das Wörtchen **n** "als" (das nebenbei auch "in" heißen kann) hinzukommt. Als vorübergehende Eigenschaft gelten im Ägytischen auch Berufe. Man sagt also statt "Ich bin Arzt" vielmehr "Ich bin «als» Arzt":

t^{h}i	**n**	**síjne**
ich	*als*	*Arzt*

Ich bin Arzt.

ej	**n**	**síjne**
(Zuk.)-ich	*als*	*Arzt*

Ich werde Arzt sein./
Ich will Arzt werden.

Wenn auf "sein" im Deutschen ein Hauptwort zur Bezeichnung einer *unveränderlichen* Eigenschaft folgt (das kann zum Beispiel eine Verwandtschaftsangabe sein), verfährt man anders. Es gibt dann besondere Wörter für "ich bin", "du bist", "wir sind" und "ihr seid". Eine Vergangenheit oder Zukunft kann man bei unveränderlichen Eigenschaften logischerweise nicht ausdrücken.

anák^h	ich♂ bin	**anák^h**	ich♀ bin
nt^{h}ák^h	du♂ bist	**nt^{h}á**	du♀ bist
anán	wir sind	**nt^{h}át^{h}n**	ihr seid

anák^h	**t^{h}ef**	**sáne**
ich♀-bin	*die-er*	*Schwester*

Ich bin seine Schwester.

Wo wir im Deutschen "(er/sie/es) ist" und "(sie) sind" im Zusammenhang mit unveränderlichen Eigenschaften gebrauchen, steht im Neuägyptischen überhaupt nichts. **t^{h}ef sáne** kann also neben "seine Schwester" genausogut auch "Sie ist seine Schwester" bedeuten. Ebenso:

majrí* **ríne**
*Majri** *Name-ich♂*
"Mein Name ist Majri* (Merire)" = Ich heiße Majri* (Merire).

Ausdrücke für "haben"

Auch für das deutsche "haben" gibt es im Ägyptischen keine wörtliche Entsprechung. Stattdessen verwendet man das Verhältniswort **nte** "bei" zusammen mit einem der Ausdrücke **wán** "es gibt" oder **mmán** "es gibt nicht", die in dieser Verbindung unbetont als **wen** bzw. **men** auszusprechen sind:

wen **ntúf** **j*á**
es-gibt *bei-er* *Esel*
"Es gibt bei ihm einen Esel" = Er hat einen Esel.

men **ntúj** **šúre** **šúre**
es-gibt-nicht *bei-ich♂* *Sohn* *Tochter*
Ich habe keine Kinder.

VERHÄLTNISWÖRTER (PRÄPOSITIONEN)

Viele ägyptische Verhältniswörter haben zwei Formen: eine längere vor den Suffixpronomina, eine kürzere vor Hauptwörtern (bzw. Artikeln). So heißt "in" entweder **emá-** oder **n**:

emás
in-sie
in ihr

n **t^he** ***ú**
in das Haus
in dem Haus

Vor Lippenlauten wird statt **n** ein **m** gesprochen. Das betrifft besonders die Verbindung mit dem bestimmten Artikel :

m **p^he** **tíme**
in die Ortschaft
in der Stadt / im Dorf

Dasselbe Wort deckt auch die Bedeutungen "aus" / "von" ab:

enáj	**urát^he**	**m**	**p^he**	**tíme**
holen-ich	*Milch*	*in*	*die*	*Ortschaft*

Ich will Milch aus dem Dorf holen.

"zu", "nach" heißt entsprechend **erá-** / **e**:

erás
zu-sie
zu ihr

e **t^he** ***ú**
zu das Haus
zu dem Haus

In Bezug auf Personen steht stattdessen häufig **ní- / n**, dieses ersetzt besonders auch den deutschen 3. Fall:

nís	**n** **t^h^e** **šúre**
zu-sie	*zu das Mädchen*
ihr / zu ihr	dem Mädchen / zu dem Mädchen

Genauso wie wird auch das Wort vor Lippenlauten nicht **n**, sondern **m** gesprochen.
Da die Verhältniswörter und sich in der Aussprache nicht unterscheiden, haben viele ägyptische Schreiber eine Neigung, sie auch in der Schrift zu verwechseln. Es gibt sogar die Möglichkeit, die kurzen Verhältniswörter , und beim Schreiben ganz auszulassen, was nicht bedeutet, daß man sie auch in der Aussprache übergehen darf. Die vor den Suffixpronomina gebrauchten längeren Formen schreibt man aber immer genau aus.

Auch bei den anderen Verhältniswörtern gibt es in der Aussprache meistens zwei Formen:

deutsch	Hieroglyphen	Aussprache vor Suffixpronomen	Aussprache vor Hauptwort
auf, über		**Hré-**	**Hi**
außer		**Hrerá-**	**Hre**
bei		**ntú-**	**nte**
bis		**-**	**še***
hinter, nach		**nsá-**	**nsa**
mit (jemandem)		**ermé-**	**erm**
statt		**etbú (t^{h})-**	**etbe**
unter		**chará-**	**cha**
vor (örtlich und zeitlich)		**eHú t^{h}-**	**eHu**
wie		**mk^{w}ét-**	**mk^{w}et**
zwischen		**ewtá-**	**ewte**

"von/seit A bis/nach B" heißt auf ägyptisch **še* n** A **e** B:

še*	**n**	**nú**	**e**	**mé nnefe**
bis	*von*	*Theben*	*zu*	*Memphis*

von Theben bis nach Memphis

BINDEWÖRTER (KONJUNKTIONEN)

Im Deutschen ist es üblich, Sätze durch allerlei Bindewörter wie "und", "aber", "weil", "als", "obwohl", "während", "denn" und viele andere zu verknüpfen. Obwohl es auch im Ägyptischen solche Ausdrucksmöglichkeiten gibt, beschränkt man sich in den meisten Situationen auf ein einziges Wort:

e,

das all diese Funktionen erfüllen kann. In unserer Wort-für-Wort-Übersetzung erscheint es behelfsweise als "indem".
Nach steht im Normalfall die Gegenwartsform (also: Subjekt *vor* dem Tätigkeitswort), auch wenn es sich z. B. um Vorgänge in der Vergangenheit handelt. Es genügt den Ägyptern, die Vergangenheit schon im ersten Teilsatz ausgedrückt zu haben!

wech	**p^{h}e**	**šúre**	**p^{h}e**	**j*á**
suchen	*der*	*Junge*	*der*	*Esel*

e	**p^{h}ef**	**sán**	**gímt^{h}f**
indem	*der-er*	*Bruder*	*finden-er*

Der Junge suchte den Esel, und/aber sein Bruder fand ihn.

Nach stehen aber nicht die Fürwörter, die normalerweise in der Gegenwart benutzt werden, sondern die Suffixpronomina:

wech	**p^{h}e**	**šúre**	**p^{h}e**	**j*á**
suchen	*der*	*Junge*	*der*	*Esel*

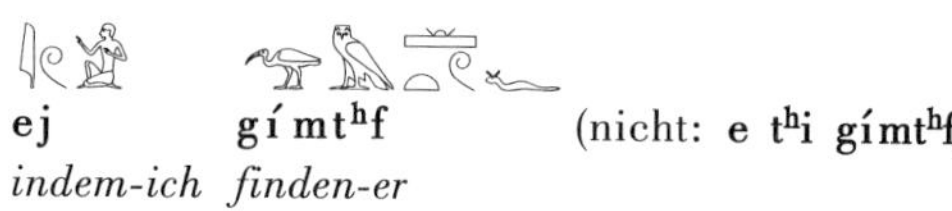

ej **gímt^{h}f** (nicht: **e t^{h}i gímt^{h}f**)

indem-ich finden-er

Der Junge suchte den Esel, und/aber ich fand ihn.

Wenn man nach 𓇋𓂋 die Vergangenheitsform benutzt (d. h.: Subjekt *nach* dem Tätigkeitswort), bedeutet das, daß der Inhalt des zweiten Teilsatzes dem des ersten zeitlich vorausgeht:

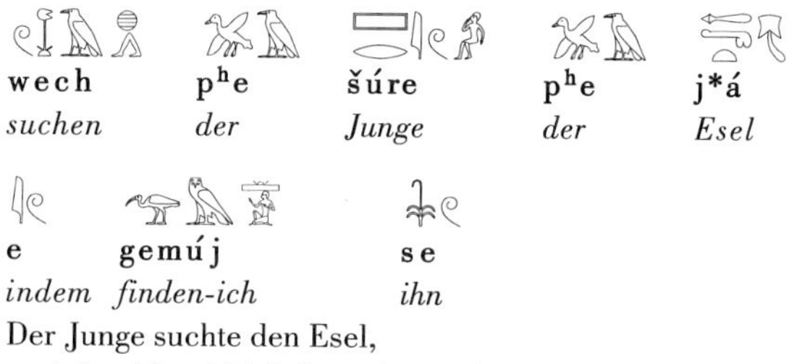

wech	**p^{h}e**	**šúre**	**p^{h}e**	**j*á**
suchen	*der*	*Junge*	*der*	*Esel*

e	**gemúj**	**se**
indem	*finden-ich*	*ihn*

Der Junge suchte den Esel,
nachdem/obwohl ich ihn schon gefunden hatte.

Dieses 𓇋𓂋 zur Satzverknüpfung sollte man nicht mit dem im Kapitel "Weitere Zeitformen" besprochenen 𓇋𓂋 verwechseln, das die Zukunft ausdrückt.

"und"

Während “und” zwischen Sätzen als 𓇋𓂋 **e** wiedergegeben wird, drückt man “und” zwischen Hauptwörtern durch 𓇋𓀀𓂋𓏤𓅓𓂋 **erm** oder 𓎛𓈖𓂝 **Hen** aus, die beide auch “mit” bedeuten können. Obwohl es keine strikte Regel gibt, zieht man 𓇋𓀀𓂋𓏤𓅓𓂋 meist vor, wenn von Personen, und 𓎛𓈖𓂝, wenn von Sachen die Rede ist.

RELATIVSÄTZE

Relativsätze konstruieren die Ägypter ganz anders als wir, weswegen sie eines der schwierigsten Kapitel der ägyptischen Grammatik bilden. Vereinfachend kann man sagen, daß Relativsätze in der Vergangenheit mit dem Element **e**, in den anderen Zeitstufen mit **nt^{h}e** beginnen:

p^{h}e	**ráme**	**e**	**p^{h}íre**
der	*Mensch*	*der(Verg.)*	*hinausgehen*

der Mensch, der hinausgegangen ist

p^{h}e	**ráme**	**nt^{h}e**	**p^{h}íre**
der	*Mensch*	*der*	*hinausgehen*

der Mensch, der hinausgeht

p^{h}e	**ráme**	**nt^{h}e**	**efe**	**p^{h}íre**
der	*Mensch*	*der*	*er-wird*	*hinausgehen*

der Mensch, der hinausgehen wird/soll

Es kommt im Ägyptischen oft vor, daß im Relativsatz das Wort **ém** dort steht. In diesen Fällen muß man den Relativsatz im Deutschen unter Umständen mit “wo, woher, in dem, aus dem” u. ä. einleiten:

p^{h}e	**tíme**	**nt^{h}e**	**t^{h}i**	**í**	**ém**
die	*Ortschaft*	*die*	*ich*	*komme*	*dort*

die Stadt, aus der ich komme

se	**éwe**	**e**	**p^{h}e**	**nt^{h}e**	**t^{h}i**	**ém**
er	*gekommen*	*zu*	*der*	*der*	*ich*	*dort*

"Er kam zu dem (Ort), wo ich war." = Er kam zu mir.

VERNEINUNG

Um einen Satz zu verneinen, stellt man an seinen Anfang **n**:

t^{h}i	**gíme**
ich♂	*finden*

ich finde

n	**t^{h}i**	**gíme**
nicht	*ich♂*	*finden*

ich finde nicht

gemáj
finden-ich♂

ich werde finden

n	**gemáj**
nicht	*finden-ich♂*

ich werde nicht finden

eje	**gíme**
(Zuk)-ich♂	*finden*

ich werde finden

n	**eje**	**gíme**
nicht	*(Z.)-ich♂*	*finden*

ich werde nicht finden

wnej	**n**	**nú**
(Verg)-ich♂	*in*	*Theben*

Ich war in Theben.

n	**wnej**	**n**	**nú**
nicht	*(V.)-ich♂*	*in*	*Theben*

Ich war nicht in Theben.

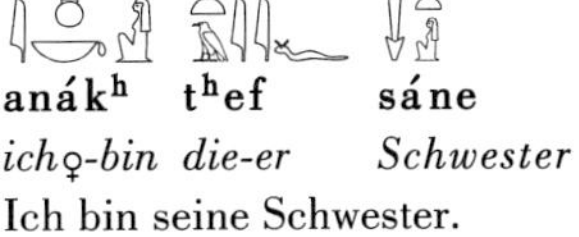

anák^h t^{h}ef sáne

ich♀-bin die-er Schwester

Ich bin seine Schwester.

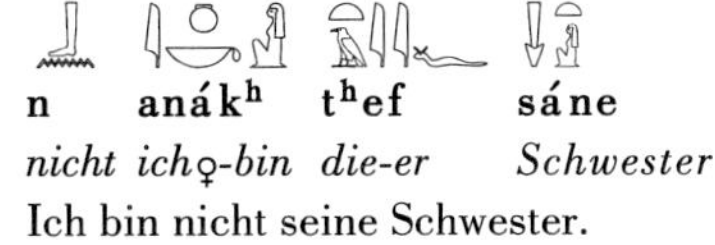

n anák^h t^{h}ef sáne

nicht ich♀-bin die-er Schwester

Ich bin nicht seine Schwester.

t^{h}ewe se

dein-ist es

Es gehört dir.

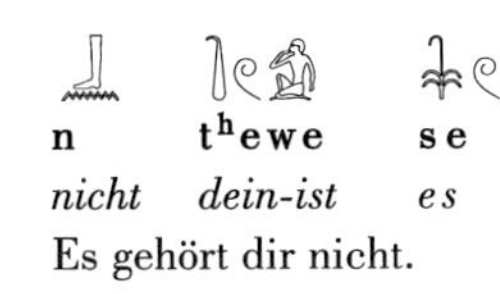

n t^{h}ewe se

nicht dein-ist es

Es gehört dir nicht.

Um die Verneinung zu verdeutlichen, kann man zusätzlich an das Satzende das Wort **én** stellen. Das geht in allen Sätzen, die auch die Verneinung enthalten, nur bei Aussagen über die Zukunft ist wenig üblich.

n t^{h}i gíme én

nicht ich♂ finden nicht

ich finde nicht

Neben dem Element gibt es noch mehr Möglichkeiten der Verneinung:

Die Gegenwart von **éch** "wissen" hat eine spezielle verneinte Form.

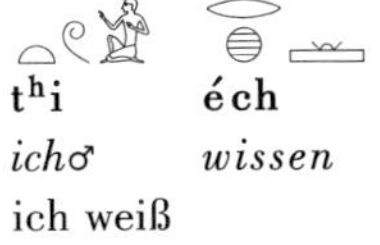

t^{h}i éch

ich♂ wissen

ich weiß

m echúj

nicht wissen-ich♂

ich weiß nicht

Für die Verneinung der Gegenwart existiert eine Alternative mit **me**. Man benutzt sie besonders dann, wenn eine Handlung über einen längerdauernden Zeitraum nicht stattfindet. Ist das Subjekt ein persönliches Fürwort, wird es einfach als Suffixpronomen an angehängt:

mej	**gímt^{h}f**
nicht(Gegenw.)-ich♂	*finden-er*

Ich finde ihn nicht.
oder: Ich finde ihn nie. *oder:* Ich kann ihn nicht finden.

Die Vergangenheit darf nicht mit verneint werden. Stattdessen gibt es eine spezielle Verneinungsform **mp^{h}e**. Sie wird genauso konstruiert wie :

gemúj	**se**	**mp^{h}ej**	**gímt^{h}f**
finden-ich♂	*ihn*	*nicht(Verg.)-ich♂*	*finden-er*
Ich habe ihn gefunden.		Ich habe ihn nicht gefunden.	

Ein Verbot drückt man mit **mar** + Grundform des Tätigkeitswortes aus:

ačí	**mar**	**čá**
sag!	*nicht!*	*sagen*
sag!, sagt!	sag nicht!, sagt nicht!	

Folgende Ausdrücke sind in verneinten Sätzen wichtig:

		normale Bedeutung	Bedeutung im verneinten Satz
	wé*e	einer	keiner, niemand
	nk^{h}é	etwas	nichts
	gé	auch	sonst nicht, sonst nichts
	***án**	wieder	noch nicht, noch nie, nicht mehr, nie wieder

mmán **wé*e**
es-gibt-nicht *einer*
Es ist niemand da.

mar **čét^{h}f** **n** **wé*e**
nicht! *sagen-es* *zu* *einer*
Sag es keinem!

mp^{h}ej **čá** **nk^{h}é**
nicht(Vergangenh.)-ich♂ *sagen* *etwas*
Ich habe nichts gesagt.

mp^{h}ej **p^{h}áre** **gé**
nicht(Vergangenh.)-ich♂ *sehen* *auch*
Ich konnte nichts sonst sehen.

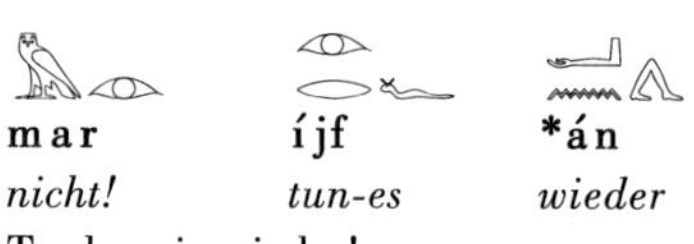

mar	**íjf**	***án**
nicht!	*tun-es*	*wieder*

Tu das nie wieder!

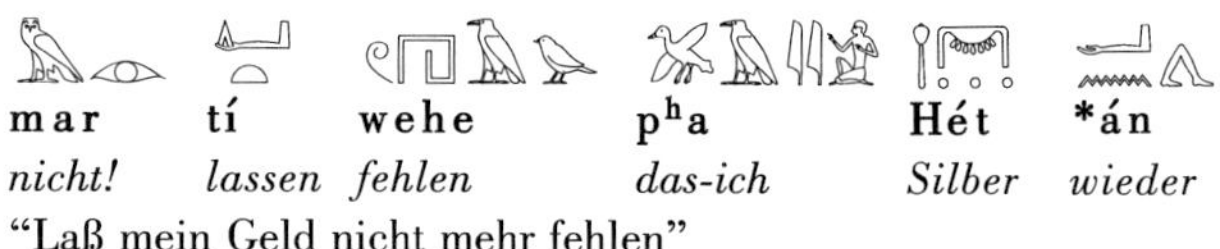

mar	**tí**	**wehe**	**p^{h}a**	**Hét**	***án**
nicht!	*lassen*	*fehlen*	*das-ich*	*Silber*	*wieder*

"Laß mein Geld nicht mehr fehlen"
= Laß mich nicht länger auf mein Geld warten!

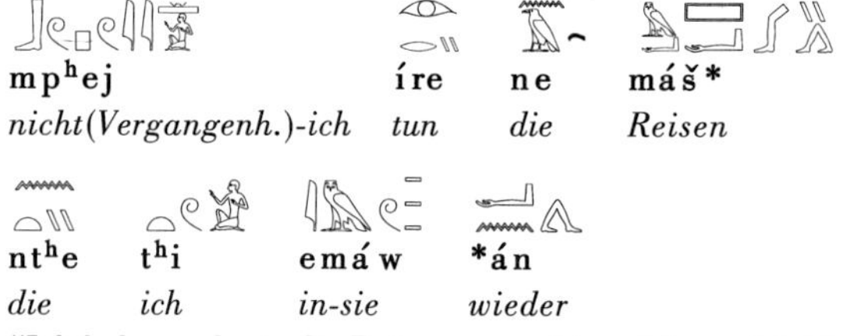

mp^{h}ej	**íre**	**ne**	**máš***
nicht(Vergangenh.)-ich	*tun*	*die*	*Reisen*

nt^{h}e	**t^{h}i**	**emáw**	***án**
die	*ich*	*in-sie*	*wieder*

"Ich habe noch nie die Reisen gemacht, auf denen ich bin"
= Ich habe noch nie solche Reisen gemacht.

FRAGEN

In der ägyptischen Schrift gibt es kein Satzzeichen, das man mit unserem Fragezeichen vergleichen könnte. Allerdings steht vor einer Entscheidungsfrage, auf die man mit "ja" oder "nein" antworten muß, das Wort **ene:**

ek^{h}e **ší** **e** **k^{h}úme**
du-wirst *gehen* *nach* *Ägypten*
Du wirst nach Ägypten fahren.

ene **ek^{h}e** **ší** **e** **k^{h}úme**
(*Frage*) *du-wirst* *gehen* *nach* *Ägypten*
Wirst du nach Ägypten fahren?

Wenn man jemanden zu etwas auffordern möchte, drückt man das bei uns oft eher in der Form eines Fragesatzes als mit einem Wunschsatz aus. Wenn man zum Beispiel mit jemandem in die Stadt gehen will, fragt man vielleicht: “Möchtest du mit mir in die Stadt gehen?”. Das ist dann nicht als bloße Nachfrage um Information gemeint, sondern als versteckte Aufforderung zum Mitkommen. In solchen Situationen stellen die Ägypter keine Fragen, sondern verwenden die Wunsch- oder Befehlsform:

má	**Henán**	**e**	**p^{h}e**	**tíme**
komm♂	*gehen-wir*	*zu*	*die*	*Ortschaft*

“Komm, wir wollen in die Stadt gehen”
= Wollen wir in die Stadt gehen? bzw.
Möchtest du mit mir in die Stadt gehen?

Neben den Entscheidungsfragen gibt es Fragen mit Fragewörtern:

éch	was?
eč^{h}e	welcher?
ním	wer?
méch	wie?
wúr	wieviel?
t^{h}áne	wo?

Man setzt diese Wörter nicht wie im Deutschen an den Satzanfang, sondern an dieselbe Stelle, an der auch die entsprechende Antwort im Satz steht:

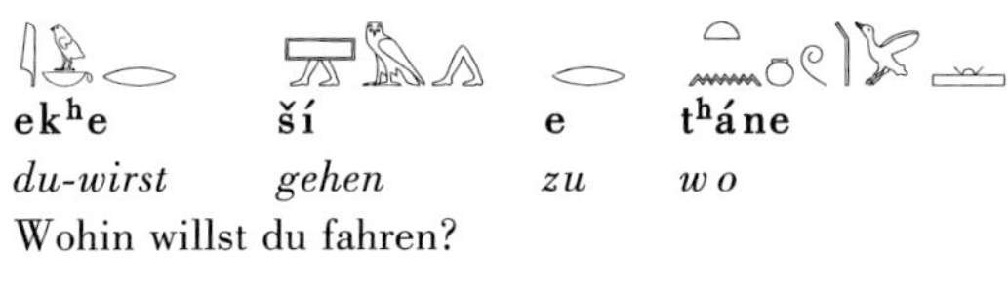

ek^{h}e ší e t^{h}áne
du-wirst gehen zu wo
Wohin willst du fahren?

eje ší e k^{h}úme
ich-werde gehen zu Ägypten
Ich will nach Ägypten fahren.

Fragewörter mit Zeitbedeutung ("wann", "wie lange") haben die Ägypter nicht; man drückt sich anders aus:

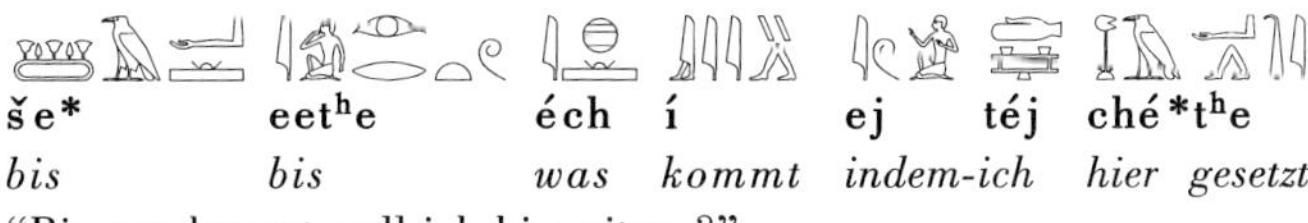

še* eet^{h}e éch í ej téj ché*t^{h}e
bis bis was kommt indem-ich hier gesetzt
"Bis was kommt, soll ich hier sitzen?"
= Wie lange soll ich denn noch hier warten?

wúr e p^{h}e háwe nte ewúk^h
wieviel zu der Tag als kommen-du

n k^{h}úme
aus Ägypten
"Wieviel ist es bis heute, daß du aus Ägypten kamst?"
= Wie lange bist du von Ägypten her unterwegs?

Die letzte Frage würde man im Deutschen besser ganz anders ausdrücken, nämlich "Wann bist du in Ägypten abgereist?", was dann aber auch eine andere Formulierung der Antwort erfordert.

ZAHLEN UND ZÄHLEN

Die Zahlen in Hieroglyphen zu schreiben, ist ganz einfach, denn man kommt mit einer sehr beschränkten Menge von Zeichen aus: 𓏺 1, 𓎆 10, 𓍢 100, 𓆼 1000, 𓂭 10000 und 𓆐 100000. Die Bildung der gesprochenen Formen ist dagegen ziemlich kompliziert.

1	𓏺	wé*e	20	𓎇	čwát^{h}e
2	𓏻	snéwe	21	𓎇𓏺	čwat^{h}wí*e
3	𓏼	chámt^{h}e	22	𓎇𓏻	čwat^{h}snáwse
4	𓏽	ftáw	30	𓎈	mé*be
5	𓏾	tíw	40	𓎉	Hmé
6	𓏿	sáw	50	𓎊	tíjwe
7	𓐀	sáfche	60	𓎋	sé
8	𓐁	chmáne	70	𓎌	sefché
9	𓐂	p^{h}síte	80	𓎍	chmené
10	𓎆	múte	90	𓎎	p^{h}estéjwe
11	𓎆𓏺	mutwí*e	100	𓍢	šé
12	𓎆𓏻	mutsnáwse	101	𓍢𓏺	šé-wé*e
13	𓎆𓏼	mutchámt^{h}e	200	𓍣	šét^{h}e
14	𓎆𓏽	mutífte	300	𓍤	chamt^{h}šé
15	𓎆𓏾	muttíje	1000	𓆼	chá
16	𓎆𓏿	mutíse	2000	𓆽	chá-snéwe
17	𓎆𓐀	mutsáfche	3000	𓆾	chamt^{h}chá
18	𓎆𓐁	mutchmúne	10000	𓂭	tbé*
19	𓎆𓐂	mutp^{h}síte	100000	𓆐	Hefne

Die Zahlen 1 und 2 werden hinter das Hauptwort gestellt; in Verbindung mit weiblichen Hauptwörtern spricht man sie als **wí*e** bzw. **sínt^{h}e** aus. Die höheren Zahlen dagegen spricht man immer vor dem Hauptwort aus, obwohl sie in der Hieroglyphenschrift oft nachstehen (vgl. im Deutschen DM 10,– "zehn Mark").
In Verbindung mit allen Zahlen müssen sowohl das Hauptwort als auch der Artikel in der Einzahl stehen: Da schon eine konkrete Zahl ausgedrückt wird, braucht man die Mehrzahl nicht mehr extra zu kennzeichnen!

p^{h}ef	**sán**	**snéwe**
der-er	*Bruder*	*zwei*

seine beiden Brüder

t^{h}ef	**sáne**	**sínt^{h}e**
die-er	*Schwester*	*zwei*

seine beiden Schwestern

Einige Bruchzahlen:

Hsáb	1/4		**gás**	1/2	
rachámt^{h}e	1/3		**ráwe**	2/3	

Ich liebe dich (Mann zu Frau).

ZEIT UND DATUM

rámp^{h}e	Jahr
abát	Monat
súw-múte	10-Tages-Zeitraum
háwe	Tag
wná	Stunde
táwe	Morgen
múre	Mittag
rwáhe	Abend
gárH	Nacht
mmúne	immer (jeden Tag)
néw nib	immer (den ganzen Tag)
nt^{h}ewná	jetzt (“in der Stunde”)

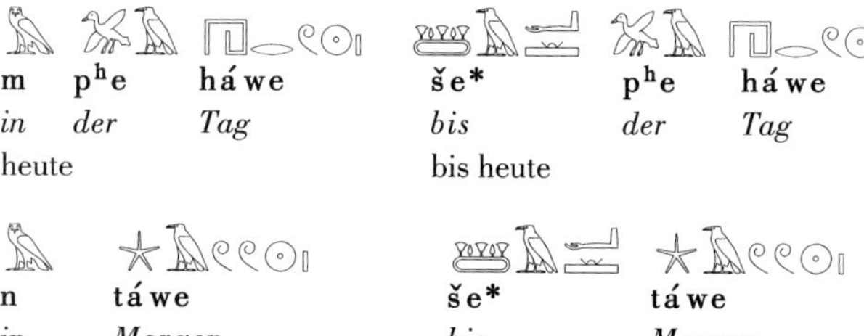

m p^{h}e háwe
in der Tag
heute

še* p^{h}e háwe
bis der Tag
bis heute

n táwe
in Morgen
morgen

še* táwe
bis Morgen
bis morgen

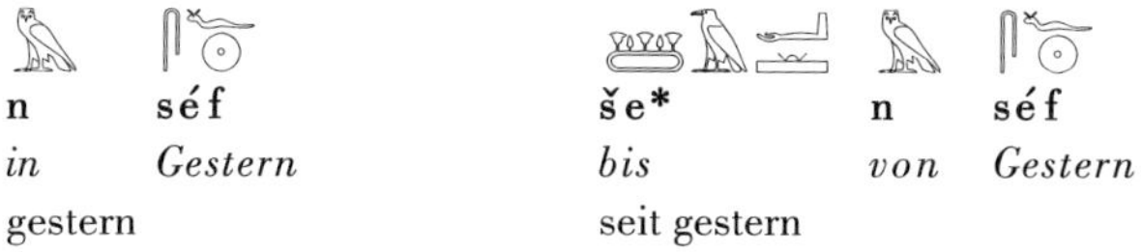

n	séf	še*	n	séf
in	*Gestern*	*bis*	*von*	*Gestern*
gestern		seit gestern		

Der ägyptische Kalender

Das ägyptische Kalenderjahr hat 365 Tage und zerfällt in drei Jahreszeiten zu vier Monaten von je dreißig Tagen Länge. Am Jahresende verbleiben fünf Tage, die weder einer Jahreszeit noch einem Monat zugehören, die **Hrewrámp^{h}e** "die außerhalb des Jahres" (vgl. unsere Tage "zwischen den Jahren").

Da das astronomische Jahr genau genommen um $5^{3}/4$ Stunden länger als 365 Tage ist und die Ägypter im Gegensatz zu uns diese Differenz nicht durch Schalttage ausgleichen, verschiebt sich das Kalenderjahr unaufhörlich, wenn auch langsam, gegenüber den natürlichen Jahreszeiten. Dieses Phänomen ist den Ägyptern durchaus bewußt, obwohl es innerhalb der Lebensspanne eines einzelnen Menschen kaum auffällt. Die ägyptischen Jahreszeiten fallen also im Laufe der Zeit in alle Vegetationsperioden, so daß eine Gleichsetzung mit unseren Jahreszeiten sinnlos ist und wir sie in der Übersetzung nur durchnumerieren können:

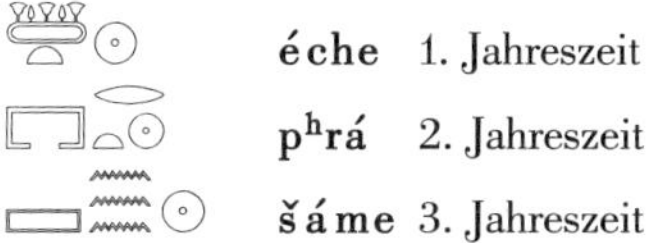

éche 1. Jahreszeit

p^{h}rá 2. Jahreszeit

šáme 3. Jahreszeit

Für die Ramessidenzeit kann man festhalten, daß der Beginn der ersten Jahreszeit, also der Anfang des ägyptischen Jahres, nach unse-

rem Gregorianischen Kalender in den Zeitraum von Anfang Mai (um 1070 v.Chr.) bis Anfang Juli (um 1300 v.Chr.) fällt.
Die Namen der Monate sind:

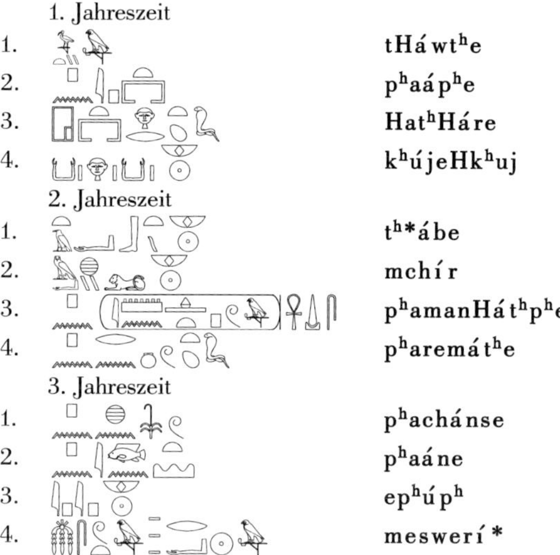

Diese altägyptischen Monatsnamen sind noch heute bei den Kopten in Gebrauch. Dabei haben sie natürlich die Jahrtausende nicht ganz unverändert überstanden und heißen heute: *tut*, *bába*, *hatúr*, *kiják*, *túba*, *amšír*, *baramhát*, *baramúda*, *bašáns*, *baúna*, *abíb*, *mísra*. Die großen ägyptischen Tageszeitungen tragen neben der islamischen und der westlichen immer auch eine koptische Datierung.
In der Hieroglyphenschrift schreibt man die Monatsnamen meistens nicht aus, sondern gibt sie mit Hilfe eines besonderen Notations-

systems wieder: Man schreibt unterhalb der Mondhieroglyphe die Nummer des Monats innerhalb seiner Jahreszeit, welche man dahinter vermerkt. So schreibt man beispielsweise statt normalerweise (= vierter Monat der dritten Jahreszeit).
Der Tag innerhalb eines Monats wird durch den Ausdruck **súw** mit folgendem Zahlwort bezeichnet; z. B. ist **súw muttíje** der fünfzehnte Monatstag. In schriftlichen Datumsangaben kürzt man dies normalerweise so ab, daß man das Zahlwort direkt hinter den Monatsnamen setzt, wobei die Zahlzeichen – mit Ausnahme derer für "1" und "9" – um neunzig Grad gedreht werden. So bedeutet 15. Tag des Monats **meswerí***.
Der letzte Tag des Monats wird nicht als dreißigster Tag bezeichnet, sondern hat einen eigenen Namen:

***elk^{w}é** Monatsletzter

Die Monate unterteilt man in drei Abschnitte zu zehn Tagen, die etwa unseren Wochen entsprechen.

Auf die Ägypter geht unsere Einteilung des Tages in 24 Stunden zurück. Zur Stundenmessung dienen neben der nur nachts möglichen Sternobservation die Sonnenuhr und die Wasseruhr.
Trotz der mit den Jahreszeiten schwankenden Tageslänge rechnen die Ägypter den Tag und die Nacht grundsätzlich auf je zwölf Stunden: Die erste Tagesstunde beginnt mit Sonnenaufgang, die erste Nachtstunde mit Sonnenuntergang. Deswegen ist die Stundenlänge bei den Ägyptern tagsüber und nachts nicht gleich und variiert darüberhinaus mit der Jahreszeit. Die altägyptischen Wasseruhren haben denn auch zwölf unterschiedliche Skalen, für jeden Monat eine.
Eine Unterteilung der Zeit in kleinere Einheiten als die Stunde kennen die Ägypter nicht.

merche

Gerät zur Zeitmessung (“Uhr”)

wná	**méH**	**mutsnéwe**	**n**	**háwe**
Stunde	*füllen*	*12*	*von*	*Tag*

die zwölfte Tagesstunde (= die Stunde vor Sonnenuntergang)

chmáne	**wná**	***úk^{w}e**	**m**	**p^{h}e**	**háwe**
acht	*Stunde*	*eingetreten*	*in*	*der*	*Tag*

Es ist acht Uhr am Tag.
(= die achte Stunde nach Sonnenaufgang, also früher Nachmittag)

Hi	**t^{h}é**	**m**	**múre**
auf	*Zeit*	*von*	*Mittag*

am Mittag

m	**p^{h}e**	**gárH**
in	*die*	*Nacht*

heute Nacht
(kann wie bei uns die letzte oder die folgende Nacht meinen)

táwe	**cháp^{h}e**
Morgen	*werden*

Es wird Morgen.

p^{h}e šewe weben

das Licht aufgehen

Die Sonne geht auf.

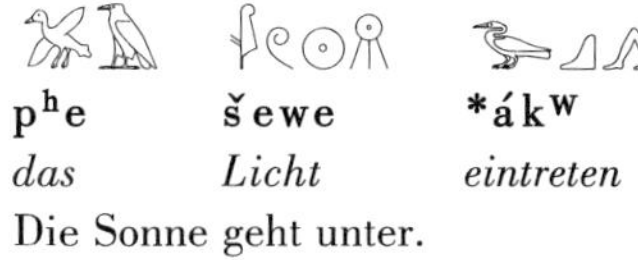

p^{h}e šewe *ák^{w}

das Licht eintreten

Die Sonne geht unter.

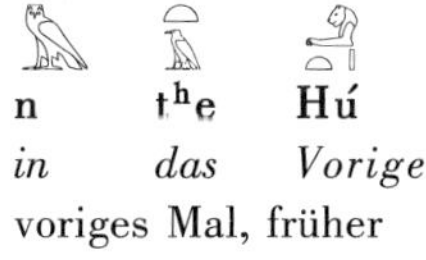

n t^{h}e Hú

in das Vorige

voriges Mal, früher

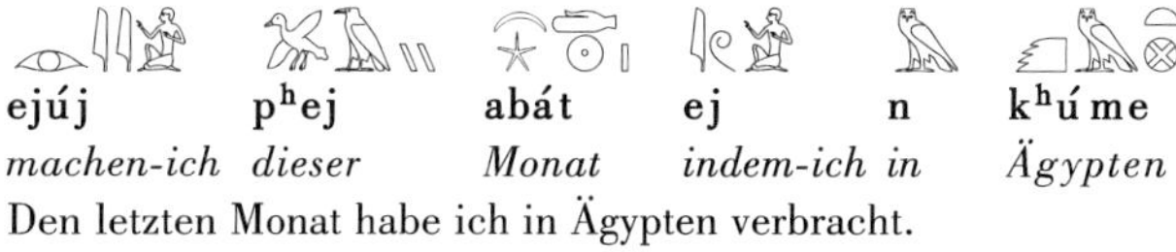

ejúj p^{h}ej abát ej n k^{h}úme

machen-ich dieser Monat indem-ich in Ägypten

Den letzten Monat habe ich in Ägypten verbracht.

n áHe n chámt^{h}e háwe

in Zeitraum von drei Tag

innerhalb der nächsten drei Tage

Beim Berechnen eines zeitlichen Abstands müssen wir uns vorsehen, denn anders als wir schließen die Ägypter beim Zählen den gegenwärtigen Zeitraum mit ein. Wenn etwas also vorgestern stattgefunden hat, zählt man: Vorgestern, gestern, heute = 3 Tage:

chep^{h}e	chámt^{h}e	háwe	e	p^{h}éj
werden	*drei*	*Tag*	*zu*	*dieser*

“Es sind drei Tage bis zu diesem geworden” = Es war vorgestern.

chámt^{h}e	abát	e	p^{h}éj	ej	n	k^{h}úme
drei	*Monat*	*bis*	*dieser*	*indem-ich*	*in*	*Ägypten*

“Es sind drei Monate bis zu diesem, indem ich in Ägypten bin” = Ich bin seit zwei Monaten in Ägypten.

tíw	e	t^{h}ej	rámp^{h}e
fünf	*zu*	*diesem*	*Jahr*

vor vier Jahren, seit vier Jahren

abát	snéwe	e	náj
Monat	*zwei*	*zu*	*dies*

im letzten Monat

Háb	áp^{h}e	chúne	m	múte	m	p^{h}e	Háwe
Fest	*Opet*	*genähert*	*zu*	*10*	*zu*	*der*	*Tag*

Es sind noch neun Tage bis zum Opetfest.

eje	íre	še*	n	súw	chmáne	e
ich-werde	*machen*	*bis*	*von*	*Tag*	*8*	*zu*

súw mú te téj
Tag *10* *hier*
Ich möchte vom 8. bis zum 10. des Monats hierbleiben.

MAßE UND GEWICHTE

In Ägypten gibt es ein altes System von Maßeinheiten. Da es nicht konsequent nach dem Dezimalsystem aufgebaut ist, bringt der Umgang mit ihm einen gewissen Rechenaufwand mit sich.

Längen- und Flächenmaße:

túb* ("Finger") 1,9 cm

méHe ("Elle") 28 **túb*** = 52,5 cm

chennáH 100 **méHe** = 52,5 m

jére ("Meile") 200 **chennáH** = 10,5 km

sátʰe 1 **chennáH** im Quadrat = ca. 1/4 Hektar

Hohlmaße (für Festes und Flüssiges):

híne 1/300 Kubikelle = 0,48 Liter

ájpʰe 40 **híne** = 19 Liter

ché 4 **ájpʰe** = 77 Liter

Gewichte:

kʷíte 9,1 Gramm

tíbn 10 **kʷíte** = 91 Gramm

KÖRPERSPRACHE UND GESTEN

Unser Wissen über die Körpersprache der Alten Ägypter ist sehr begrenzt. Die Malereien und Reliefs in den ägyptischen Gräbern zeigen zwar zahlreiche unterschiedliche Gesten, geben aber wenig Auskunft über ihre Funktion. Auch den Texten läßt sich nicht viel über Körpersprache entnehmen. Die Körpersprache der heutigen Ägypter entstammt im großen und ganzen der arabischen Kultur und läßt sich nicht auf ihre Vorfahren zurückprojizieren.
Für den Gruß kennen wir zwei häufige Gesten und ihre Bezeichnungen, jedoch ist unbekannt, worin der Bedeutungsunterschied zwischen ihnen besteht:

1) **cheb**

Man verbeugt sich und läßt die Arme nach vorne herunterhängen.

2) **ewe**

Man hebt eine oder beide Hände in die Höhe.

Bei einer Begegnung mit dem Pharao kann es eventuell angebracht sein, sich zum Zeichen der Demut auf den Boden niederzuwerfen:

senet^{h}

Wir wissen nicht, ob die Alten Ägypter sich zum Gruß die Hand geben, so wie wir und auch die heutigen Araber es tun.

GRÜßEN, DANKEN, BITTEN

Eine allgemeine Begrüßungsformel ist

ewát^{h}e Guten Tag! / Hallo!

Ein anderer verbreiteter Gruß, den man etwa mit "Es soll dir gut gehen" übersetzen kann, lautet:

an einen Mann gerichtet		an eine Frau gerichtet	
netm	**úbk^{h}**	**netm**	**úbe**
süß	*Gemüt-du♂*	*süß*	*Gemüt-du♀*

Eine dritte Möglichkeit, sich zu begrüßen, ist:

(Die Gruppe steht für "2mal lesen":)

n	**Hát^{h}p^{h}**	**n**	**Hát^{h}p^{h}**
in	*Frieden*	*in*	*Frieden*

In Frieden, in Frieden!

Frieden wünschen sich noch die modernen Ägypter mit ihrem arabischen Gruß *as-salámu *alájkum* "Friede sei mit euch!".

Zum Abschied wünscht man seinem Gegenüber Leben:

***ánch**	***ánch**
Leben	*Leben*

Lebewohl!, Auf Wiedersehen!

Für eine Bitte reicht es schon, die Zukunftsform des Tätigkeitsworts zu benutzen. Man kann davor aber noch **éch** stellen, das wir mit "bitte" übersetzen können:

éch	**enák^{h}**	**p^{h}e**	**k^{h}úbs**
bitte	*bringen-du*	*der*	*Korb*

Bitte bring den Korb her.

Einen Dank drückt man aus, indem man dem Gegenüber den Segen eines Gottes wünscht, z. B.:

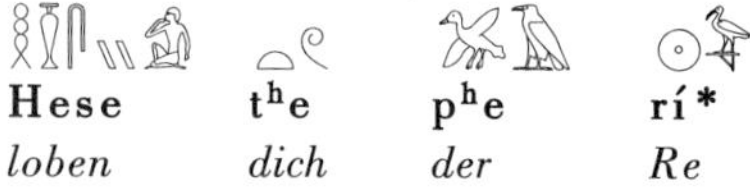

Hese	**t^he**	**p^he**	**rí***
loben	*dich*	*der*	*Re*

Re (der Sonnengott) soll dich loben!

Durch die Auswahl einer bestimmten unter den zahllosen ägyptischen Gottheiten (siehe das Kapitel "Götter und Tempel" in diesem Band) ergeben sich Nuancen, die ein schlichtes deutsches "danke" niemals wiedergeben könnte.

ANREDEN

Anreden, die dem deutschen "Herr ..." oder "Frau ..." entsprechen, kennen wir aus dem Ägyptischen nicht. Man darf annehmen, daß die meisten Ägypter sich im Alltag schlicht mit ihrem Namen angesprochen haben. Gegenüber sehr hochgestellten Persönlichkeiten sind aber besondere Höflichkeitsfloskeln angebracht wie:

p^ha	**níb**	**náfe**
der-ich♂	*Herr*	*gut*

Mein guter Herr!

p^ha	**níb**	***á**
der-ich♂	*Herr*	*groß*

Mein großer Herr!

t^ha	**Hene**
die-ich♂	*Herrin*

Meine Herrin!

Wenn man jemanden mit einem Hauptwort tituliert, muß es den bestimmten Artikel tragen:

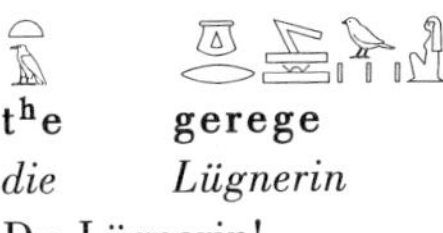

t^{h}e	**gerege**
die	*Lügnerin*

Du Lügnerin!

Der Artikel entfällt jedoch, wenn die Anrede mit einem Titel beginnt:

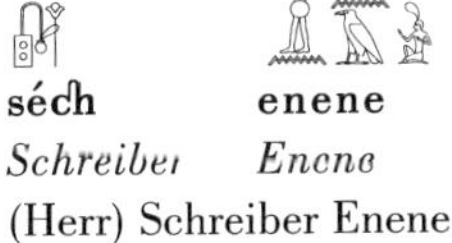

séch	**enene**
Schreiber	*Enene*

(Herr) Schreiber Enene!

DAS ERSTE GESPRÄCH

Die ersten Wendungen geben wir sowohl in der männlichen (links) wie in der weiblichen Form (rechts) an:

ním	**rínk^{h}**	**ním**	**ríne**
wer	*Name-du*♂	*wer*	*Name-du*♀

Wie heißt du?

...		...	
...	**ríne**	...	**ríne**
...	*Name-ich*♂	...	*Name-ich*♀

Ich heiße ...

che	*ék^{h}	che	*é
was	*Zustand-du♂*	*was*	*Zustand-du♀*

Wie geht es dir?

che	k^{w}étk^{h}	che	k^{w}éte
was	*Form-du♂*	*was*	*Form-du♀*

Wie geht es dir?

t^{h}ek^{h}	méch	t^{h}e	méch
du♂	*wie*	*du♀*	*wie*

Wie geht es dir?

t^{h}i	nšá	t^{h}i	nšá
ich♂	*gut*	*ich♀*	*gut*

Es geht mir gut.

*éj	nšá	*éj	nšá
Zustand-ich♂	*gut*	*Zustand-ich♀*	*gut*

Es geht mir gut.

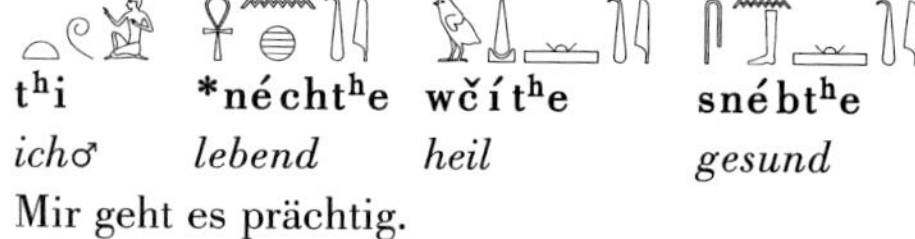

t^{h}i	*nécht^{h}e	wčít^{h}e	snébt^{h}e
ich♂	*lebend*	*heil*	*gesund*

Mir geht es prächtig.

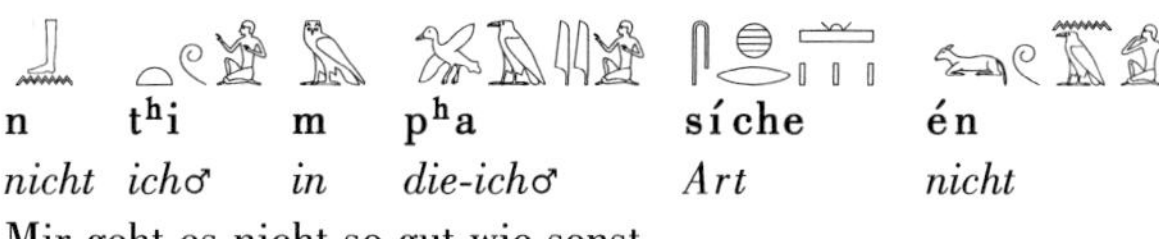

n **t^{h}i** **m** **p^{h}a** **síche** **én**
nicht *ich♂* *in* *die-ich♂* *Art* *nicht*
Mir geht es nicht so gut wie sonst.

ačí **níj** **eHek^h**
sag *mir♂* *Zeitraum-du♂*
Wie alt bist du?

t^{h}i **n** **sé** **n** **mé*be**
ich♂ *als* *Person* *von* *30*
Ich bin 30 Jahre alt.

...
anak^h **šúre** **...**
ich♂-bin *Sohn* *...*
Ich bin der Sohn von ...

t^{h}i **téj** **Hmást^{h}e** **n** **nú**
ich♂ *hier* *gesetzt* *in* *Theben*
Ich wohne hier in Theben.

Seinen Beruf gibt man so an:

t^{h}i **n** **síjne**
ich♂ *als* *Arzt*
Ich bin Arzt.

Mit Bezug auf Ämter benutzt man eine andere Formel; als ein Amt gilt auch der Schreiberberuf:

t^{h}i	íre	séch
ich♂	*machen*	*Schreiber*

Ich bin Schreiber.

Einige weitere im Alten Ägypten verbreitete Berufe sind:

rt^{h}eHt^{h}e	Bäcker
ché*k^{w}e	Barbier
eHwet^{h}e	Bauer
ek^{h}e	Bergarbeiter
s*enche	Bildhauer
***et^{h}ech**	(Bier-)Brauer
e*e*	Dolmetscher
mchent^{h}e	Fährmann
wáHe	Fischer
k^{h}míj	Gärtner, Winzer
nebe	Goldschmied
šját^{h}e	Händler
méne	Hirte
p^{h}esš*é	Konditor
sechk^{w}áte	Maler
set^{h}ef	Metzger
aré*	Pförtner

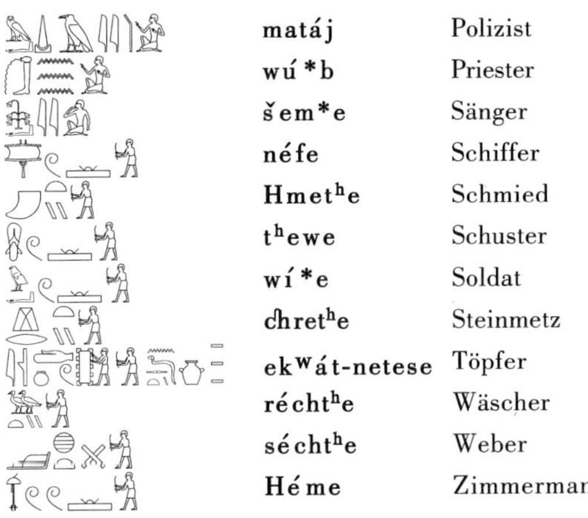

matáj	Polizist
wú *b	Priester
šem*e	Sänger
néfe	Schiffer
Hmet^{h}e	Schmied
t^{h}ewe	Schuster
wí *e	Soldat
chret^{h}e	Steinmetz
ek^{w}át-netese	Töpfer
récht^{h}e	Wäscher
sécht^{h}e	Weber
Héme	Zimmermann

FLOSKELN UND REDEWENDUNGEN

Zustimmen

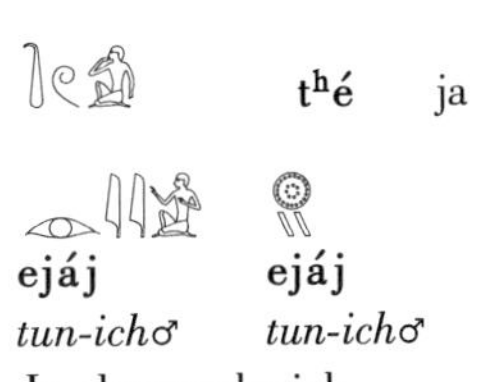

t^{h}é ja

ejáj **ejáj**
tun-ich♂ *tun-ich♂*
Ja, das mache ich.

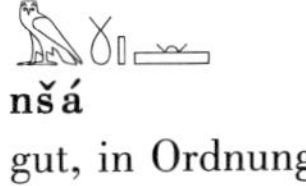

nšá
gut, in Ordnung

se **nšá**

es *gut*

Das ist gut, Das ist O.K.

 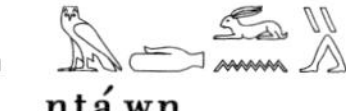

eeják^{h} **mmét^{h}e** **ntáwn**

tun-du♂ *ebenso* *in-Zukunft*

Mach weiter so!

se **nšá** **p^{h}e** **e** **ejúk^{h}**

es *gut* *das* *was* *tun-du♂*

Das ist gut, was du getan hast.

nt^{h}ak^{h} **me*et^{h}e**

du♂ *richtig*

Du hast recht.

Ablehnen

 **mbé** nein

m **echúj** **se**

nicht *wissen-ich♂* *es*

Ich weiß es nicht.

n	**nefe**	**p^{h}éj**	**e**	**ejúk^{h}**
nicht	*gut*	*dieses*	*was*	*tun-du♂*

Das ist nicht gut, was du getan hast!

***ečej**
falsch

Das stimmt nicht!

nt^{h}ak^{h}	***ečej**
du♂	*falsch*

Du hast Unrecht.

Herbeirufen, fortschicken

má
komm♂

Komm her! (zu einem Mann)

mí
komm♀

Komm her! (zu einer Frau)

áHe	**téj**
stehen	*hier*

Warte hier!

Henák^{h}	**ník^{h}**
gehen-du♂	*dir♂*

Geh weg!

alí	**t^{h}ek^{h}**
entferne	*dich♂*

Verschwinde!

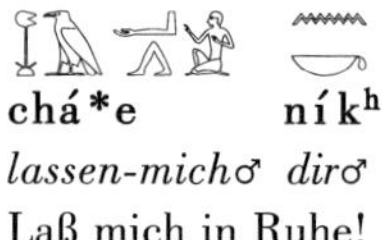

chá*e	**ník^{h}**
lassen-mich♂	*dir♂*

Laß mich in Ruhe!

Unverständnis

mej	***íme**	**p^{h}e**	**e**	**čúk^{h}**	**níj**
ich♂-nicht	*wissen*	*das*	*was*	*sagen-du♂*	*mir♂*

Ich verstehe nicht, was du mir gesagt hast.

je	**éch**	**p^{h}ek^{h}**	**čét^{h}f**
denn	*was*	*das-du♂*	*sagen-es*

Wie meinst du denn das?

éch	**m**	**máte**	**t^{h}e**
was	*von*	*Wort*	*das*

Was soll das heißen?

Ausrufe

bé* Paß auf!

hem	**mnéj**
(?)	*so*

Herzlichen Glückwunsch!

jés **t^{h}e**
eilen *dich*
Beeil dich!

awíH

Hör(t) auf!

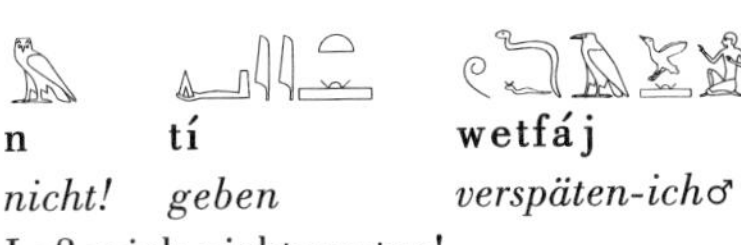

n **tí** **wetfáj**
nicht! *geben* *verspäten-ich♂*
Laß mich nicht warten!

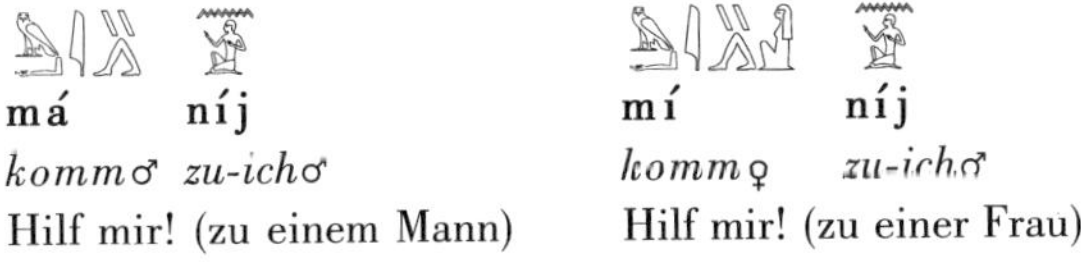

má **níj**
komm♂ *zu-ich♂*
Hilf mir! (zu einem Mann)

mí **níj**
komm♀ *zu-ich♂*
Hilf mir! (zu einer Frau)

t^{h}i **č^{h}et^{h}e**
ich♂ *bestohlen*
Man hat mich bestohlen!

Eine genauso häufige wie vieldeutige Phrase ist:

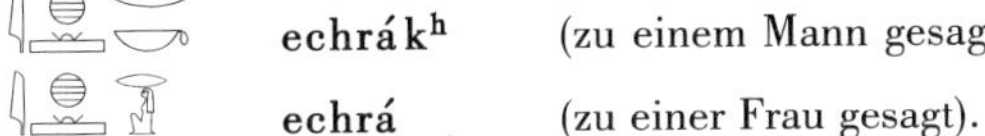

	echrák^{h}	(zu einem Mann gesagt)
	echrá	(zu einer Frau gesagt).

Sie fordert zu einer Stellungnahme im weitesten Sinne auf und kann nüchtern-fragend ("Was möchtest du?"), streng ("Was hast du zu sagen?"), mitfühlend ("Was ist nur mit dir los?"), kritisierend ("Was soll das denn, bitte sehr?") oder auch spöttisch-überlegen gemeint sein ("Na, was sagst du jetzt?").

GEOGRAPHIE

Ägypten erstreckt sich an beiden Ufern am Unterlauf des Nils, des längsten Flusses der Erde. Da dies der einzige Fluß Ägyptens ist, gibt es auch nur ein Wort, das gleichzeitig "Fluß" und "Nil" übersetzt werden kann: **járe**

Regen stellt in Ägypten eine Ausnahmeerscheinung dar. Deswegen ist die Landwirtschaft vollkommen von der Nilflut abhängig, welche die Felder jedes Jahr für eine gewisse Zeit unter Wasser setzt. Was hat es damit auf sich?
Bei Chartum, der Hauptstadt des modernen Sudan, teilt sich der Nil in zwei Arme: den in Ruanda entspringenden *Weißen Nil*, der in der ersten Jahreshälfte den Hauptwasseranteil beisteuert, und den weiter östlich verlaufenden *Blauen Nil*, dessen Quellen im abessinischen Hochland liegen. Jeden Sommer gehen hier starke Monsunregen nieder, so daß der Blaue Nil um ein Vielfaches ansteigt und die Nilflut auslöst. Nachdem dann gut 1000 km südlich der (modernen) ägyptischen Grenze noch einmal der ʿAṭbara in den Nil einmündet, der schon periodisch austrocknet, gibt es keinen nennenswerten Zufluß mehr. Deswegen nimmt – anders als bei gewöhnlichen Flüssen – das Fließvolumen des Nils an seinem Unterlauf durch Versickerung und Verdunstung ständig ab. Trotzdem bleibt der Nil auf seinem restlichen Weg bis zum Mittelmeer noch ein bedeutender Strom.
An der Südgrenze Ägyptens (beim modernen Aswan) beginnt der Nilpegel im Mai zu steigen und erreicht in der ersten Septemberhälfte seinen Höchststand; danach fällt er bis zum Beginn der nächsten Flut wieder stetig ab. Wenn die Flut ihren Höhepunkt erreicht, liegt der Nil hier durchschnittlich 8 Meter über dem Pegelstand des April, und das Fließvolumen des Flusses ist auf das Zehnfache angestiegen.

Auf der Höhe des heutigen Kairo setzt die Flut etwa zwei Wochen später ein, und die maximale Pegeldifferenz beträgt hier noch durchschnittlich 6–7 Meter.

Diese Nilflut setzt das ganze Land für einige Wochen so unter Wasser, daß die auf Warften stehenden Häuser wie Inseln in einem Meer erscheinen. (Heutzutage wird der Wasserstand mit Hilfe des großen Nasser-Staudamms auf konstantem Niveau gehalten.) Wenn die Flut dann zurückgeht, bepflanzt man unverzüglich die wieder aufgetauchten Felder und versucht durch künstliche Dämme genug Wasser für die Wuchsperiode zurückzuhalten. Direkt am Nil oder einem ständig wasserführenden Kanal liegende Felder können mit Schöpfgeräten jederzeit bewässert werden. Ein großer Teil des Landes läßt sich aber nur bewässern, wenn man während der Flut höhergelegene künstliche Kanäle und Bassins öffnet und sie in den folgenden Monaten gefüllt hält. Je höher das Land liegt, umso größer ist das Risiko, daß es bei mangelhafter Nilflut nicht mehr genügend mit Wasser versorgt werden kann. Außerdem muß man beim Öffnen und Schließen der Kanäle zur Lenkung des Wasserflusses die entgegengesetzten Interessen der verschiedenen Bebauer gegeneinander abwägen.

Je nach den Möglichkeiten der Wasserzufuhr wird das Ackerland in verschiedene Qualitätsstufen eingeteilt:

k^{w}áje Ackerland von durchschnittlicher Qualität (die am weitesten verbreitete Art Land)

máje hochgelegenes Ackerland, das schwer zu bewässern ist

necheb Ackerland, das auch in der Niedrigwasserperiode bewässert werden kann und daher zwei Ernten pro Jahr ermöglicht

Zur Flutzeit nimmt das Nilwasser in Ägypten eine deutlich sichtbare rotbraune Färbung an. Sie entsteht durch mineralische und organische Schwebstoffe, die der Blaue Nil auf seinem steil bergabwärts führenden Weg durch Abessinien mitgerissen hat. Dieser Nilschlamm, der sich jedes Jahr neu auf den Feldern absetzt, macht den Boden zu sehr fruchtbarem Ackerland. Die Ägypter müssen daher weder Maßnahmen zur Düngung ergreifen noch eine bestimmte Fruchtfolge zur Schonung der Böden einhalten, wie es früher in Europa nötig war.

kʰúme "Ägypten"

ist für die Alten Ägypter nur das bewohnbare Land ohne die beidseitig angrenzenden ausgedehnten Wüstengebiete. Ägypten besteht aus zwei Teilen, nämlich einerseits

šeme* "Oberägypten",

das vom Nil bewässerte fruchtbare Tal. Diese einmalige Flußoase ist ausgesprochen schmal. Die Breite des Tales geht nirgends über 25 Kilometer hinaus, und an einigen Stellen reicht das Wüstengebirge unmittelbar an den Nil heran. Den zweiten Teil Ägyptens bildet das sich nördlich an das Tal anschließende dreiecksförmige Nildelta, genannt

mHé "Unterägypten".

Ägypten gehört im Altertum wie heute zu den am dichtesten besiedelten Gebieten der Erde. Man schätzt die Bevölkerungszahl in der Ramessidenzeit auf ungefähr 5 Millionen.

pʰe	**tʰá**	**n**	**kʰúme**
das	*Land*	*von*	*Ägypten*

das Land Ägypten

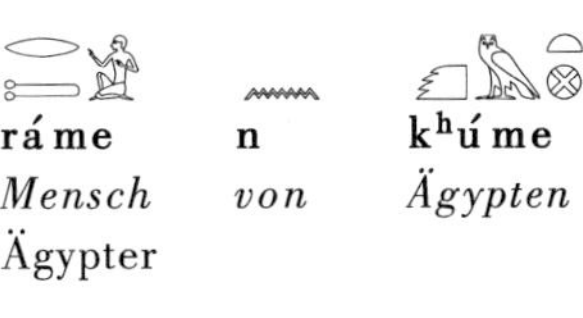

ráme **n** **k^{h}úme**
Mensch *von* *Ägypten*
Ägypter

máte **k^{h}úme**
Wort *Ägypten*
ägyptisch (= Ägyptische Sprache)

Ägypten wird zu beiden Seiten vom Wüstengebirge **cháse** eingeschlossen; dieses Wort kann auch allgemein für "Ausland" verwendet werden.
In der Wüste westlich des Nils existieren eine Handvoll bewohnte Oasen, die durch eigene Quellen versorgt werden.

	wéHe	Oase
	ḏhánme	Quelle in der Wüste

Wichtige den Ägyptern bekannte fremde Länder sind:

	k^{h}áše	Nubien (heute Sudan)
	t^{h}emeHe	Libyen
	chúre	Vorderasien (Naher Osten)
	chát^{h}e	Hethiterreich (heute Türkei)
	k^{h}efet^{h}e	Kreta
	Henebe	Ägäis

jám ist das Wort für "Meer", was für die Ägypter besonders das Mittelmeer bedeutet. Aber auch der einzige große See Ägyptens, westlich des Nils gelegen und von diesem gespeist, heißt

p^{h}e	jám
das	Meer

Auf diesen Ausdruck geht noch der moderne Name dieser Gegend "Fajjúm" zurück.

Antike Städte und Sehenswürdigkeiten (von Nord nach Süd)

áne	Heliopolis
ménnefe	Memphis
mé	Pyramide
p^{h}e-Hél	Sphinx von Gizeh

Die modernen Ägypter haben diesen Namen in ihrer arabischen Sprache umgedeutet und nennen den Sphinx **abul-hól** "Vater des Schreckens".

eche-ját^{h}n	Amarna
ebáte	Abydos
nú	Theben
ep^{h}ese	Karnak
áp^{h}e	Luxor-Tempel
sáche-*áe (wörtl.: "großes Feld")	Tal der Könige

t^{h}eHá	Medinet Habu
tesere	Deir el-Bahri
tbá	Edfu
swúne	Aswan
júb	Elephantine

REISEN

Längere Strecken legt man in Ägypten immer mit dem Schiff **eme** zurück. Das bietet sich an, weil kein bewohnbarer Ort weiter als einige Kilometer vom Nil entfernt liegt. Bei Reisen stromaufwärts wartet man möglichst auf Nordwind und segelt; notfalls muß man das Schiff streckenweise treideln (vom Ufer aus ziehen). Glücklicherweise ist Nordwind in Ägypten die vorherrschende Windrichtung, da die Sahara im Einflußbereich des Nordostpassats liegt. In die andere Richtung kann man leicht rudern oder sich einfach von der Strömung treiben lassen. Für die beiden Reiseorientierungen haben die Ägypter spezielle Ausdrücke:

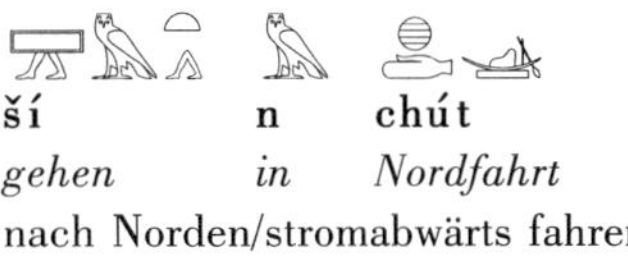

ší **n** **chút**
gehen *in* *Nordfahrt*
nach Norden/stromabwärts fahren

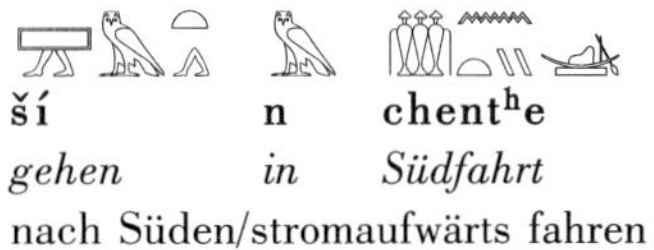

ší **n** **chent^{h}e**
gehen *in* *Südfahrt*
nach Süden/stromaufwärts fahren

Wenn nichts dazwischenkommt, dauert die Reise zwischen Memphis und Theben ungefähr zwei bis drei Wochen (etwa gleich in beide Richtungen).

Daneben benutzt man Wagen. Leichte, elegante, von Pferden gezogene Wagen mit zwei Speichenrädern **merk^{h}ábt^{h}e** dienen als prestigewirksames Fortbewegungsmittel, in dem der Pharao und die hohen Beamten sich vorfahren lassen; wegen ihrer Schnelligkeit werden sie auch von Bogenschützen im Krieg eingesetzt. Lasten transportiert man mit Ochsenkarren ***gált^{h}e.** Das normale Transportmittel der einfachen Bevölkerung ist aber der Esel, den die Bauern ihre Lasten tragen lassen. Pferde als Reittiere sind wenig verbreitet, da ihre Unterhaltung zu kostspielig ist.

Den Nil muß man – sofern man nicht schwimmen will – mit einer Fähre überqueren, denn Brücken oder natürliche Furten gibt es nicht. Dem Fährmann läßt man dafür eine kleine Gabe in Form von Nahrung zukommen.

čáj	Fähre
mchent^{h}e	Fährmann
húme	Fährlohn
níbe	schwimmen

p^{h}e	**járe**	**čejt^{h}ef**	**méch**
der	*Nil*	*überquert-werden-er*	*wie*

Wie kann man hier den Nil überqueren?

che*ák^{h} e e k^{h}et^{h}e rí
werfen-du♂ mich♂ auf andere Seite
Bitte setz mich ans andere Ufer über!

... **t^{h}áne**
... *wo*
Wo ist ...?

eej máš* e ... t^{h}áne
ich♂ reisen nach ... wo
Wie komme ich nach ... ?

cheph^{h}e p^{h}e májt^{h}e n ... t^{h}áne
werden der Weg von ... wo
Wo geht der Weg nach ...?

se íre wúre n jére e še* ...
es macht wieviel von Meile zu bis ...
Wieviel Meilen sind es bis ... ?

še* n A nefree B
bis von A *bis* B

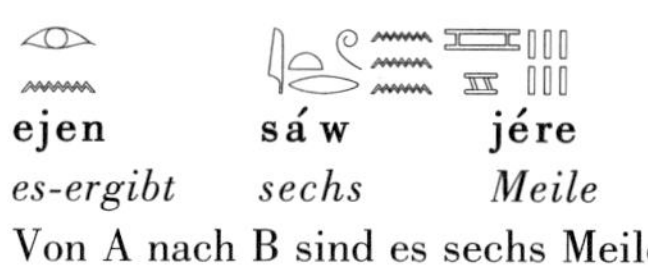

ejen sáw jére

es-ergibt sechs Meile

Von A nach B sind es sechs Meilen.

weHák^{h} tát^{h}e Hi p^{h}e nt^{h}e se ém

legen-du♂ Hand-ich♂ auf der (Ort) der es dort

Zeige mir, wo es ist.

ek^{h} e t^{h}áne

du♂-wirst-sein nach wo

Wohin willst du?

(...)

eje ší e máš* e (...)

ich♂-werde gehen zu reisen zu (...)

Ich möchte nach (...) reisen.

ejúk^{h} t^{h}áne

kommen-du♂ wo

Woher kommst du?

ejúj m p^{h}e t^{h}á n k^{h}úme

kommen-ich♂ von das Land von Ägypten

Ich komme aus Ägypten.

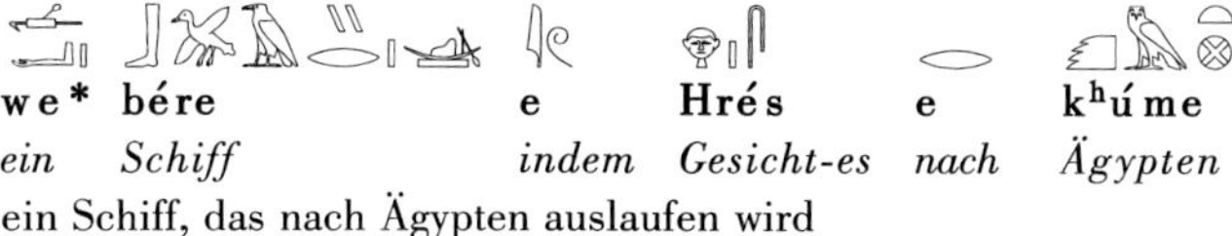

we*	**bére**	**e**	**Hrés**	**e**	**k^{h}úme**
ein	*Schiff*	*indem*	*Gesicht-es*	*nach*	*Ägypten*

ein Schiff, das nach Ägypten auslaufen wird

eje	**át^{h}p^{h}**	**p^{h}a**	**anák^{h}**	**nib**	**erás**
ich♂-werde	*laden*	*das-ich♂*	*mein♂-ist*	*alles*	*zu-es*

Ich möchte meine ganze Habe einschiffen.

t^{h}e	**mét^{h}e**	**n**	**ménnefe**
die	*Mitte*	*von*	*Memphis*

das Stadtzentrum von Memphis

mHít^{h}e	**rúse**	**jébt^{h}e**	**imínt^{h}e**
Norden	*Süden*	*Osten*	*Westen*

HANDEL UND MARKT

Die Alten Ägypter kennen kein Münzgeld, sondern tauschen eine Ware, die sie brauchen, gegen solche Naturalien, die sie gerade im Überfluß haben. Infolgedessen gibt es im Ägyptischen keine besonderen Ausdrücke für “kaufen” oder “verkaufen”; vielmehr *gibt* man einen Gegenstand *für* einen anderen Gegenstand. “Für” oder “im Austausch für” wird dabei durch das Verhältniswort **etbe** ausgedrückt.

táj **ník^{h}** **bjá** **etbe** **Hénk^{w}e**
geben-ich♀ *dir*♂ *Honig* *für* *Bier*

heißt also “Ich möchte dir Honig im Austausch gegen Bier verkaufen”, oder “Ich möchte von dir Bier im Austausch gegen Honig kaufen”. Man kann auch den Ausdruck **íne** “holen” verwenden und dann sagen:

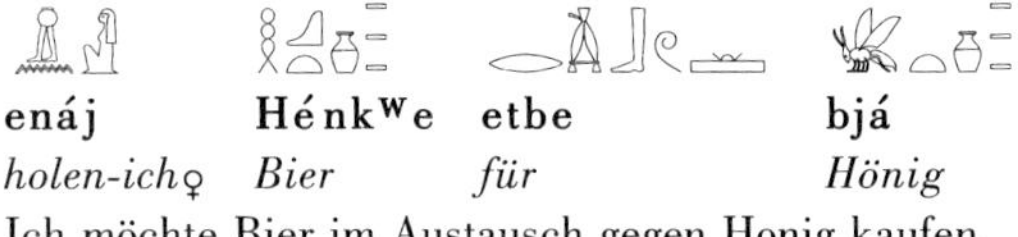

enáj **Hénk^{w}e** **etbe** **bjá**
holen-ich♀ *Bier* *für* *Hönig*
Ich möchte Bier im Austausch gegen Honig kaufen.

Wenn man einfach davon sprechen will, daß man etwas “kauft” oder “verkauft”, ohne die Tauschware ausdrücklich zu benennen, kann man sich so ausdrücken:

enáj **Hénk^{w}e** **ntúk^{h}**
holen-ich♀ *Bier* *bei-du*♂
Ich möchte von dir Bier kaufen.

táj **ník^{h}** **bjá** **ebál**
geben-ich♀ *dir*♂ *Honig* *weg*
Ich möchte dir Honig verkaufen.

Es existiert auch ein besonderes Wort für “Tauschwert, Preis”:
swéne

ek^{h}e	**šáp^{h}**	**swént^{h}ef**	**ntúj**
du♂-wirst	*bekommen*	*Preis-es*	*bei-ich♀*

Ich werde es dir bezahlen!

Besonders bei größeren Geschäften, in denen mehrere verschiedene Waren im Spiel sind, wäre es ohne die Existenz eines einheitlichen Wertmaßstabs sehr umständlich, den Austausch in Naturalien gerecht durchzuführen. Zu diesem Zweck rechnet man den Wert aller Waren in Metalle um, und zwar in

Hámt^{h}e	Kupfer, oder
Hét	Silber, beide gemessen in
tíbn	(91 Gramm)

Die Ägypter haben für alle gängigen Waren den Wert in Kupfer- bzw. Silber-**tíbn** im Gedächtnis – wobei Silber den 60fachen Wert von Kupfer hat – und können auf dieser Basis leicht ins Geschäft kommen. Allerdings bleiben die Metallpreise eine abstrakte Einheit, denn wirklich mit Metall bezahlt wird nur selten.

Das Wort für Silber verwendet man auch in einem allgemeineren Sinn für "Zahlungsmittel", so daß es fast eine Entsprechung zu unserem Wort "Geld" bildet:

eje	**tí**	**ník^{h}**	**p^{h}ef**	**Hét**
ich♂-werde	*geben*	*dir♂*	*das-es*	*Silber*

Ich werde dich dafür bezahlen

(*und zwar mit irgendetwas, nicht unbedingt mit Silber*).

Einkaufen hat für die Alten Ägypter weniger Bedeutung als für uns. Die Bauern, die den Großteil der Bevölkerung ausmachen, erzeugen ihre Grundnahrungsmittel selbst und können auch die meisten Gegenstände, die sie benötigen, zu Hause produzieren.

Handwerker, Schreiber, Priester und Angehörige der anderen Berufe arbeiten in der Regel nicht selbständig, sondern sind Staatsangestellte. Ihren Lohn erhalten sie in Form von Grundnahrungsmitteln, die von den Bauern als Steuern eingezogen werden. Dies funktioniert entweder so, daß die Staatsbediensteten von einer staatlichen Institution, zum Beispiel einem Tempel, regelmäßige Lieferungen erhalten, oder es sind ihnen einfach bestimmte Ländereien zugewiesen, über die sie selbst das Steuereinzugsrecht haben. Deswegen müssen auch die außerhalb der Landwirtschaft tätigen Personen nicht ihren gesamten Lebensmittelbedarf auf dem Markt erwerben.

Die folgende Liste umfaßt einige gängige Waren und ihren näherungsweisen Durchschnittspreis in Kupfer. Als Maßangaben fungieren **tíbn** (91 Gramm) und **ájp^{h}e** (19 Liter).

	Hieroglyphen	Aussprache	Kupferpreis in **tíbn**
Bett		**Hát^{h}e**	20
Bier		**Hénk^{w}e**	1 1/3 pro **ájp^{h}e**
Brot		***ájk^{w}**	1/10 (pro Laib)
Emmer (Brotgetreide)		**báte**	1/4–1/2 (pro **ájp^{h}e**)
Esel		**j*á**	30
Esel	(Miete als Lasttier für einen Tag)		1/6

Feuerholz		**chenšéme**	1/4 (pro Eselsladung)
Fisch		**rím**	1/80 (pro **tíbn**)
Gold		**nábe**	120 (pro **tíbn**)
Honig		**bjá**	40 (pro **ájp^{h}e**)
Kamm (aus Elfenbein)		**p^{h}eše**	2
Kopftuch (aus feinem Leinen)		**eteg**	10-20
Papyrus (beschreib-fertig)		**čám***	2 (pro Rolle von ca. 4 m x 40 cm)
Rasiermes-ser (Bronze)		**mech*ek^{w}e**	1-2
Rind		**úH**	50-100
Salz		**Hmá**	2 (pro **ájp^{h}e**)
Sandalen (aus Leder)		**t^{h}áwe**	2 (pro Paar)
Sarg (aus Holz)		**wé**	20 (zusätzlich etwa 10 **tíbn** für Bemalung)
Sesamöl	(das bevorzugte Speiseöl)	**néHe**	40-80 (pro **ájp^{h}e**)
Totenbuch-rolle		**p^{h}irenháwe**	20-60
Tunika	(hemdartiges Alltags-kleidungsstück aus grobem Leinen, ent-spricht der Gallabiya im mod. Ägypten)	**msése**	5
Ziege		***enech**	3

Ein mögliches Gespräch beim Händler:

úbe	e	č^{h}í	nej	t^{h}áwe
Herz-ich♀	*zu*	*nehmen*	*diese*	*Sandalen*

nt^{h}e	ntúk^{h}
die	*bei-du♂*

Ich hätte gerne die Sandalen, die du da hast.

ee	tí	níj	éch
du♀-wirst	*geben*	*mir♂*	*was*

Was kannst du mir denn geben?

eje	tí	ník^{h}	t^{h}ej	weche
ich♀-werde	*geben*	*dir♂*	*dieser*	*Kuchen*

Ich könnte dir diesen Kuchen hier geben!

ef	e	éch	níj	t^{h}e	weche
er-wird-sein	*zu*	*was*	*mir♂*	*der-du♀*	*Kuchen*

Was soll ich mit deinem Kuchen?

eje	tí	ník^{h}	nhejne	úrp^{h}
ich♀-werde	*geben*	*dir♂*	*einige*	*Wein*

Ich könnte dir auch Wein geben.

ech **níj** **t^hewe** **se**
nützlich *mir♂* *dein-sind* *sie*
Den kann ich gebrauchen, sie gehören dir!

Es kann vorkommen, daß man mit unreinem Edelmetall bezahlt wird und es zu spät bemerkt:

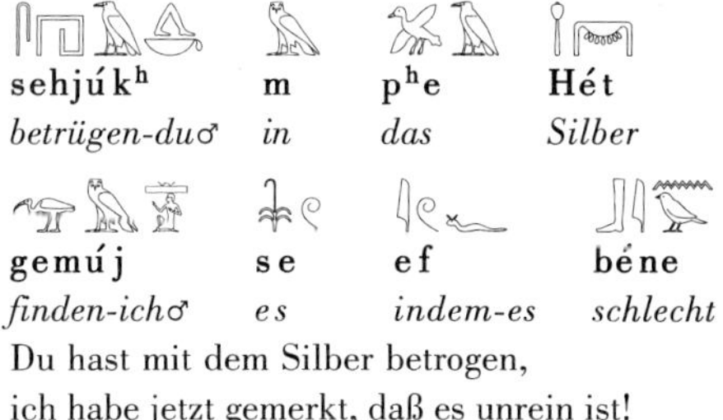

sehjúk^h **m** **p^he** **Hét**
betrügen-du♂ *in* *das* *Silber*

gemúj **se** **ef** **béne**
finden-ich♂ *es* *indem-es* *schlecht*
Du hast mit dem Silber betrogen,
ich habe jetzt gemerkt, daß es unrein ist!

Weitere Wendungen:

mé **Hwá** **Hréf**
gib *Zusätzliches* *auf-es*
Gib mir bitte noch etwas mehr davon.

mé **níj** **n** **šéw**
gib *mir♂* *in* *Wert*
Gib mir die richtige Menge.

t^{h}e úp^{h}e šrét^{h}e eráj

die Zahl klein zu-ich♂

Das sind mir zu wenige.

č^{h}í ník^{h} p^{h}e nt^{h}e úbk^{h} eráf

nimm dir♂ das was Herz-du♂ zu-es

Nimm dir, was du willst (wonach dir der Sinn steht).

ene wán ge máte ek^{h} wášs

(*Frage*) *es-gibt auch Sache indem-du♂ willst-sie*

Wünschst du noch etwas?, Kann ich noch etwas für dich tun?

gereH mmán

beendet es-gibt-nicht

Das ist ausverkauft.

ESSEN UND TRINKEN

Die Alten Ägypter essen im Sitzen, indem sie sich entweder auf den Boden hocken oder auf einem Stuhl vor einem Tisch Platz nehmen. Wenn man sich auf einer Reise befindet, wird man die Gastfreundschaft der örtlichen Bewohner in Anspruch nehmen müssen, denn Restaurants existieren unseres Wissens im Alten Ägypten überhaupt nicht. Immerhin gibt es Kneipen, in denen man sich mit Bier verköstigen kann.

Einen wichtigen Anteil an der Nahrung stellt im Alten Ägypten das Getreide. Man kultiviert vor allem Gerste und Emmer, eine Frühform des Weizens, und stellt daraus viele verschiedene Sorten Brot und Kuchen her. Reis und Mais, die im modernen Ägypten angebaut werden, sind noch unbekannt.

ját^{h}	Gerste	**báte**	Emmer
***ájk**^{w}	Brot	**š*é**	Kuchen
nájt	Mehl		

Auch Obst spielt in der Ernährung der Alten Ägypter wie ihrer modernen Nachfahren eine große Rolle. Die verbreitetsten Obstbäume der Alten Ägypter sind:

- Die Dattelpalme, der im alten wie im modernen Ägypten häufigste Baum. Zur Blütezeit im Frühjahr müssen die weiblichen Palmen mit den Blütenständen, die man zu diesem Zweck von den männlichen Palmen abschneidet, künstlich bestäubt werden. Die dann wachsenden Früchte, die Datteln, sind für ihren besonders hohen Zuckergehalt bekannt.

béne	Dattelpalme
bene	Dattel

- Die Dumpalme (*hyphaene thebaica*), heute nur noch im Süden Ägyptens und vor allem im Sudan verbreitet. Der Baum bringt eine braune, knapp faustgroße Frucht hervor, die Dumnuß. Rings um den großen, harten Kern, aus dem man Ringe und ähnliche Gegenstände herstellen kann, befindet sich das lebkuchenartig schmeckende

Fruchtfleisch, das sehr trocken ist und vor dem Verzehr am besten in Wasser eingeweicht wird.

	meme	Dumpalme
	k^{w}ák^{w}e	Dumnuß
	chenen	Kern der Dumnuß

• Die Sykomore (*ficus sycomorus*) ist im modernen Ägypten zwar noch weit verbreitet, wird aber als Obstbaum nur noch in gewissen ländlichen Gegenden genutzt. Sie ist ein besonders großer, schattenspendender Laubbaum, der sich in Ägypten nicht natürlich fortpflanzt, sondern durch Stecklinge vermehrt werden muß. Während des ganzen Jahres bringt der Baum Sykomorenfeigen hervor. Man kann diese Früchte allerdings nicht ohne weiteres essen, sondern muß sie einige Tage vor der Ernte noch am Baum einschneiden, damit die Larven der Gallwespe, die in großer Zahl in ihnen nisten, rechtzeitig absterben. Die Früchte schmecken weniger gut als die echten Feigen (*ficus carica*), die im Alten Ägypten noch relativ selten sind.

	náhe	Sykomore
	k^{h}eje	Sykomorenfeige vor dem Einschneiden
	nk^{w}á*	Sykomorenfeige nach dem Einschneiden

Es gibt daneben eine Reihe anderer Obstsorten; bei ihnen werden der Baum und seine Frucht mit demselben Wort bezeichnet:

 **elehmén** Granatapfel

šwúb	Persea (*mimusops schimperi*)
nábs	Christdorn
nútm	Johannisbrotbaum
čájt^{h}	Olive
elále	Weintraube

Eine seltene, gelegentlich aus Palästina importierte Frucht ist der Apfel: **tp^{h}úH.** Einige heute in Ägypten weitverbreitete Obstbäume und -stauden kennen die Alten Ägypter noch nicht, zum Beispiel Banane, Aprikose, Orange, Mango und Guave.

Verbreitete Gemüsesorten sind:

p^{h}úl Bohne (*vicia faba*). Mit diesem Wort ist auch die moderne arabische Bezeichnung der Bohne "ful" verwandt, und jeder Ägyptenreisende von heute trifft auf die gleichnamigen Gerichte, die jetzt neben dem Fladenbrot das Grundnahrungsmittel der einfachen Leute bilden.

ewrá	Lubya-Bohne (*vigna sinensis*)
sšáp^{h}e	Gurke
etlág	Melone
***eršín**	Linsen
***ábe**	Lattich (*lactuca sativa*)
Heče	Zwiebeln
úke	Porree

Auch Gewürze sind bei den Alten Ägyptern beliebt:

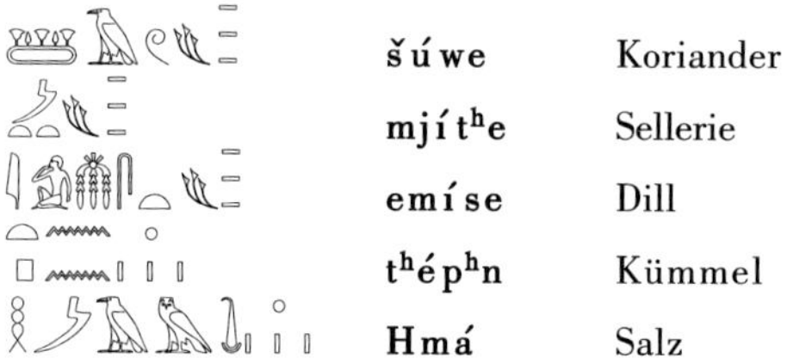

šúwe	Koriander
mjít^{h}e	Sellerie
emíse	Dill
t^{h}ép^{h}n	Kümmel
Hmá	Salz

Fleisch kommt beim durchschnittlichen Ägypter nicht jeden Tag auf den Tisch. An Feiertagen werden aber von den Tempeln Fleischrationen an das Volk ausgegeben.
Die bevorzugten Fleischlieferanten sind Rind, Schaf, Schwein und die Gans; man ißt auch viel Fisch.

méwse	**n**	**úH**	**es**	**ešért^{h}e**
Leber	*von*	*Rind*	*indem-sie*	*gegrillt*

gegrillte Rinderleber

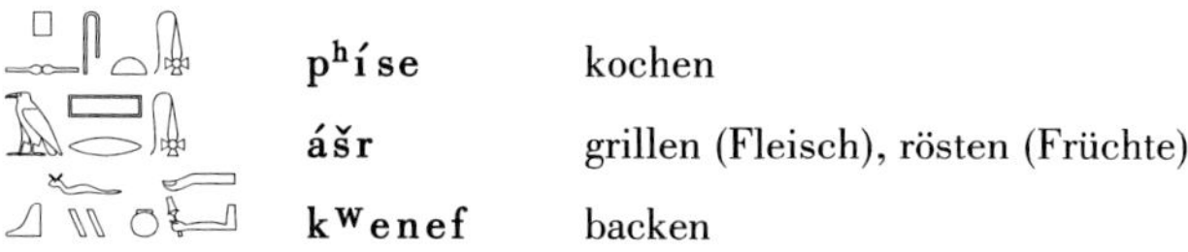

p^{h}íse	kochen
ášr	grillen (Fleisch), rösten (Früchte)
k^{w}enef	backen

Tierische Produkte:

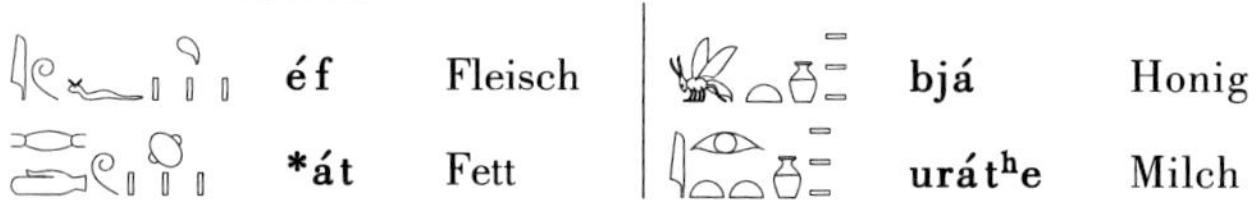

éf	Fleisch	**bjá**	Honig
***át**	Fett	**urát^{h}e**	Milch

Eine Bezeichnung für Milcherzeugnisse, die einfache gesäuerte Milch (Dickmilch) umfassen kann, aber auch Produkte, die wir als Käse bezeichnen würden, ist **seme**.

n	**p^{h}e**	***ájk^w**	**nátme**	**níj**	**e**	**Há*f**
nicht	*das*	*Brot*	*süß*	*mir♂*	*zu*	*selbst-es*

Das Brot schmeckt mir nicht ohne etwas dazu.

mej	**wám**	**éf**	**nib**	**Hre**	**áp^{h}t**
nicht-ich♂	*essen*	*Fleisch*	*irgend*	*außer*	*Vogel*

Ich esse kein Fleisch außer Geflügel.

Ein alltägliches, bei Männern wie Frauen beliebtes Getränk ist das Bier. Die Grundlage bildet Gerstenmalz, dem teilweise weitere Getreidesorten beigemischt werden. Beim Brauvorgang gibt man zur Förderung des Gärungsprozesses vergorene Datteln hinzu. Man muß sich das altägyptische Bier recht süß vorstellen, zumal der bei uns durch den Hopfenzusatz erzielte herbe Geschmackszug fehlt. Der Alkoholgehalt liegt sicherlich niedriger, als wir es von unserem Bier her kennen. Bier wird in vielen Haushalten selbst produziert, man bekommt es aber auch in der Kneipe.

Hénk^{w}e Bier

***ú-Hénkwe** "Bierhaus" = Kneipe

n	k^{h}újk^{h}
für	*Seele-du♂*

Prost! (zu einem Mann)

n	k^{h}úje
für	*Seele-du♀*

Prost! (zu einer Frau)

t^{h}i	t^{h}chít^{h}e
ich♂	*betrunken*

Ich bin betrunken.

ne	**Hénk^{w}e**	**íre**	**típ^{h}e**	**máw**	**n**	**ráj**
das	*Bier*	*machen*	*Geschmack*	*Wasser*	*in*	*Mund-ich*

Das Bier schmeckt mir wie Wasser!

Ein wertvolleres Getränk ist (Trauben-)Wein, bei dem es sich in der Regel um Rotwein handelt. Wein gibt es auch als Importgut, er ist aber in dieser Form den höchsten gesellschaftlichen Schichten vorbehalten.

úrp^{h} Wein

mrís junger Wein („Federweißer", „Heuriger")

úrp^{h}	**n**	**chúre**
Wein	*von*	*Asien*

asiatischer (palästinischer/libanesischer) Wein

FLORA UND FAUNA

Eine Pflanze von zentraler Bedeutung für die ägyptische Kultur ist der Papyrus, der während der pharaonischen Zeit zur natürlichen Flora der ägyptischen Sumpflandschaften gehört, heute allerdings wildwachsend nicht mehr vorkommt.

Aus dem mehrere Meter hohen, dreikantigen Stengel erzeugt man in verschiedenen Verarbeitungsschritten das bekannte ägyptische Schreibmaterial, von dem auch unser Papier seinen Namen hat. Die vergilbten und brüchigen jahrtausendealten Exemplare, die man heute in den Museen besichtigen kann, vermitteln einen verfälschten Eindruck von antiken Papyrusblättern, denn in frischem Zustand sind sie weiß und biegsam und mit ihrer Dicke von annähernd $^{1}/_{10}$ mm durchaus dem modernen Papier vergleichbar. Die Höhe des Papyrusblattes ist in der Ramessidenzeit auf drei Größen standardisiert und beträgt entweder annähernd 40 cm (volle Höhe), 20 cm (halbe Höhe) oder 10 cm (Viertelhöhe).

Man bindet die Blätter nicht zu Büchern, sondern klebt sie an den Längsseiten zusammen und rollt sie dann auf. Solche Rollen sind meist einige Meter lang; die maximale Länge unter den uns erhalten gebliebenen Rollen beträgt etwa 40 Meter.

Man schreibt mit einem Griffel, der aus dem steifen Stiel der Binse *juncus rigidus* hergestellt wird. Diesen taucht man in Wasser und reibt dann von schwarzer oder – seltener – roter Pigmentpaste, die man auf einer Schreibpalette mit sich führt, Farbe zum Schreiben ab. Die Palette enthält auch ein Fach zur Aufbewahrung einiger Griffel.

č^{h}áwfe	Papyruspflanze
čám*	beschreibfertig verarbeiteter Papyrus
meče	beschriebener Papyrus

k^{w}íHe	Blatt
***ére**	Rolle
***ér**	Griffel
rjá	Pigment
gást^{h}e	Schreibpalette

Der Papyrus dient aber nicht nur als Schreibmaterial: Er wird zu Sandalen, Körben und kleinen Booten geflochten und kann sogar als billiges Nahrungsmittel herhalten.
Eine andere wichtige Pflanze ist die Leinpflanze. Aus ihren Fasern wird durch Spinnen und Weben das Leinen gewonnen, der gewöhnlichste Grundstoff für altägyptische Bekleidung.

méHe	Leinpflanze
sát^{h}e	spinnen
sáche	weben
šese	Leinen

Leinen ist in mehreren Güteklassen erhältlich; die drei wichtigsten sind (angefangen mit der billigsten):

né*	"glatt", d. h. "einfach, grob"
šám*	"fein" und
ššénse	"Königsleinen"

Nur gelegentlich werden Kleidungsstücke auch aus anderem Material hergestellt, so etwa Lendentücher aus Leder und Mäntel aus Wolle.

	teHer	Leder
	s*árt^{h}	Wolle

Noch unbekannt ist die Baumwolle, die eines der Hauptexportgüter des modernen Ägypten bildet.

Tiere im pharaonischen Ägypten:

Hant^{h}áse	Eidechse
j*á	Esel
rím	Fisch
telgá	Fledermaus
***éf**	Fliege
k^{W}ráre	Frosch
rá	(Grau-)Gans
č^{h}esem	Hund
mjá	Katze
mséH	Krokodil
máje	Löwe
p^{h}íne	Maus
téb	Nilpferd
sesem	Pferd
úH	Rind

sjá	Schaf
Háfe	Schlange
ríre	Schwein
áp^{h}t	Vogel
fene	Wurm
***enech**	Ziege

Viele Haustiere der Alten Ägypter sind ursprünglich nicht in Afrika beheimatet gewesen, sondern – schon in domestizierter Form – zu verschiedenen Zeiten aus Asien eingeführt worden. Beim Schaf und beim Pferd geschah das so früh, daß sie bis zum Neuen Reich vollkommen heimisch geworden sind. Dagegen sind Hühner und Kamele, zwei sehr verbreitete Haustiere des modernen Ägypten, zu dieser Zeit noch weitgehend unbekannt.

Zur Zeit des Neuen Reiches kommen das Krokodil, das Nilpferd und – selten – der Löwe noch wildlebend in Ägypten vor. Diese Tiere sind seit jeher wegen ihrer Gefährlichkeit bzw. Gefräßigkeit vom Menschen gejagt worden und heutzutage in Ägypten ausgestorben.

WOHNEN

Ägyptische Wohnhäuser, einfachste Behausungen genauso wie Königspaläste, sind aus sonnengetrockneten Nilschlammziegeln gemauert, die einerseits ohne größere Kosten herzustellen sind und andererseits für das heiße, trockene Ägypten besonders günstige bauklimatische Eigenschaften aufweisen. Steinarchitektur bleibt den Gräbern und Tempeln vorbehalten.

Die typische Gestaltung eines Hauses in einer ägyptischen Stadt ist folgendermaßen: Die Mitte des Hauses nimmt ein Wohnzimmer von etwa quadratischem Grundriß ein. Dies ist in der Regel der größte Raum, und seine Decke muß von einer oder auch mehreren aus Palmstämmen bestehenden Säulen gestützt werden. In diesem Raum befindet sich häufig eine gemauerte Sitzbank. Von ihm gehen zu einer oder zu mehreren, in komfortableren Häusern zu allen Seiten Seitenzimmer ab, von denen eines als Badezimmer ausgebaut sein kann, indem sein Boden und der untere Teil seiner Wände mit Stein verkleidet sind. Das Wasser hält man in großen Tonkrügen bereit, die aus dem Nil oder einem nahegelegenen Brunnen gefüllt werden. Der Luxus eines Bades ebenso wie der eines gemauerten Toilettensitzes, unter dem sich eine Grube mit einer Auffangschale befindet, ist aber durchaus nicht in jedem Haus anzutreffen. Meist ist dem Wohnzimmer ein Vorraum vorgeschaltet, nur in den einfachsten Häusern öffnet sich das Wohnzimmer unvermittelt zur Straße hin. Das Bett ist oft in einer Nische eines hinteren Seitenzimmers aufgestellt. Zur Beleuchtung und Belüftung sind in den Räumen Fenster eingelassen, die meist relativ weit oben liegen oder in auf der Dachebene aufsitzenden schrägansteigenden Aufbauten angebracht sind, damit die Bewohner nicht direktem Luftzug ausgesetzt werden; Fensterglas ist unbekannt. Nachts verwendet man Öllampen zur Beleuchtung. Unterirdisch befinden sich vielfach eine oder mehrere kleine Kellerkammern, wo sich Lebensmittel kühl lagern lassen. Sehr häufig führt eine Treppe auf das Dach, auf dem man sich an heißen Sommerabenden angenehm aufhalten kann, zuweilen verfügt das Haus sogar über ein zweites Stockwerk oder zumindest einen Dachpavillon. An das Haus kann sich ein Hof oder ein Garten anschließen.

seHímse	Wohnzimmer
gebe	Seitenzimmer
we*be	Badezimmer
chánt^{h}e	Vorraum
sášt	Fenster
cheret^{h}e	Kellerkammer
t^{h}árt	Treppe
heje	Dach

GÖTTER UND TEMPEL

Die Zahl der ägyptischen Götter ist unüberschaubar. Bis jetzt sind etwa fünftausend bekannt. Die zahlreichen Götter stehen nicht in Konkurrenz miteinander, und die Verehrung des einen impliziert gleichzeitig die Verehrung der anderen. So kommt es, daß jeder ägyptische Tempel neben seinem Hauptgott immer noch vielen weiteren Göttern geweiht ist. Der Hauptgott heißt dabei **níb** "Herr" bzw. **níbe** "Herrin" des Tempels, die Nebengötter oder **Hrúb**, d.h. "innewohnend im" Tempel.

Ein Beispiel: Der Hauptkultort der Göttin Mut ist ein Bereich im Süden des Tempelbezirkes von Karnak namens "Ascheru". Man findet die Göttin daher in den Inschriften häufig als

méwt^{h}	**níbe**	**ešere**
Mut	*Herrin*	*Ascheru*

"Mut, die Herrin von Ascheru" bezeichnet.

Die ägyptischen Götter haben keine strikt voneinander abgegrenzten Wirkungsbereiche. Die Ägypter schreiben also nicht einem bestimmten Gott die Weltschöpfung, einem anderen Gott die Ermöglichung einer persönlichen Wiederauferstehung nach dem Tode und einem dritten Gott die Einsetzung des Pharao in seine irdische Herrschaft zu. Vielmehr erfüllt jeder Gott potentiell alle religiösen Funktionen, und das Wirken jedes Gottes kann sich positiv wie negativ auf das Leben der Menschen auswirken.

Die im Neuen Reich wichtigsten Götter sind Amun und Re (dieser gewöhnlich mit bestimmtem Artikel: **p^{h}e rí*** “der Re”). Beide werden häufig auch als Einheit zusammengesehen als Amun-Re.

Amun♂	**amáne**	Atum♂	**at^{h}ám**
Bastet♀	**bést^{h}e**	Chons♂	**chánse**
Hathor♀	**Hat^{h}Háre**	Horus♂	**Háre**
Isis♀	**úse**	Min♂	**mín**
Month♂	**mánt^{h}e**	Mut♀	**méwt^{h}**
Neith♀	**néjt^{h}**	Nephthys♀	**nebt^{h}Há**
Osiris♂	**wsíre**	Re♂	**p^{h}e-rí***
Ptah♂	**p^{h}t^{h}áH**	Sachmet♀	**séchme**
Seth♂	**sút^{h}ch**	Thoth♂	**tHáwt^{h}e**

Bei der Vielzahl an Göttern, die es schon in Ägypten gibt, stellen auch ausländische Götter keine Konkurrenz dar, sondern sie werden einfach in das einheimische Pantheon integriert. Zwei asiatische Gottheiten, die auch in Ägypten verehrt werden, sind zum Beispiel

Astarte♀ [hieroglyphs] ***ast^h^art^h^** | Baal♂ [hieroglyphs] **bá*l**

Neben den namentlich bekannten Gottheiten existieren zahlreiche namenlose "Dämonen" (männlich [hieroglyphs] **wér**, weiblich [hieroglyphs] **wére**), göttliche Mächte, die Bestandteil des Volksglaubens sind und in der offiziellen Religion keine Rolle spielen, also in den Tempeln nicht dargestellt werden. Auch sie können einem Menschen hilfreich beistehen wie auch Krankheit und Unglück über ihn bringen.

Die Tempelgebäude bestehen aus einem öffentlichen Teil, den jeder Ägypter betreten und als Gebetsstätte nutzen kann (Vorhöfe, Außenmauern) und aus einem inneren Teil, zu dem nur die Priester Zutritt haben. Im verdunkelten Tempelinnersten befindet sich ein geheimnisvolles Gottesbild, das aus kostbaren Edelmetallen und Edelsteinen gefertigt ist.
Zu einer Tempelanlage gehören außerdem Ländereien, Handwerksbetriebe, Bibliotheken, Schulen, und eine große Menge vielseitig ausgebildetes Personal, denn die Tempel nehmen nicht nur eine religiöse Funktion wahr, sondern spielen auch eine wichtige Rolle als Wirtschaftszentren im ägyptischen Staat.
Während das Gottesbild normalerweise vor den meisten Gläubigen verborgen bleibt, tragen die Priester es an hohen Feiertagen auf einer Barke aus dem Tempel heraus auf eine Prozession, um es dem ganzen Volk vorzuführen. Eine besondere Bedeutung haben diese Festtage durch die an ihnen stattfindenden Orakel: Jeder Gläubige kann sich im Verlauf der Prozession mit Anfragen direkt an das Gottesbild wenden. Sie werden häufig in schriftlicher Form vorgelegt und müssen so formuliert sein, daß eine Beantwortung mit "ja" oder "nein" möglich ist. Daraufhin signalisiert das Gottesbild durch eine Bewegung – die natürlich von den tragenden Priestern vermittelt

wird – seine Antwort. So werden in Ägypten zahlreiche Rechtsstreitigkeiten entschieden. Bei einem vorgefallenen Diebstahl kann man zum Beispiel die Namen verschiedener Verdächtiger so lange aufzählen, bis der Gott bei dem Namen des Täters das Zeichen gibt.

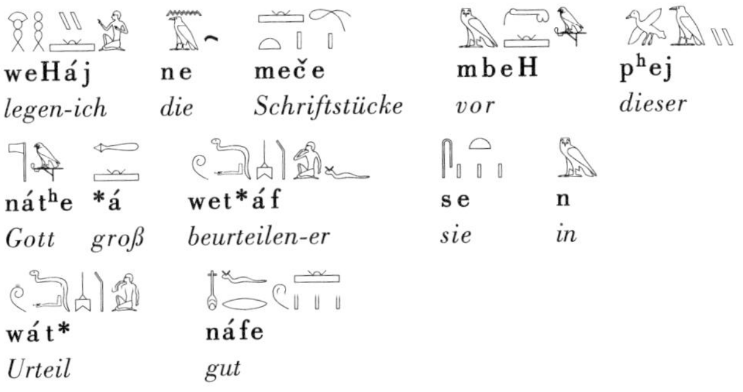

Ich möchte dem Großen Gott die Schriftstücke vorlegen; hoffentlich beurteilt er sie günstig!

Viele ägyptische Götter werden mit bestimmten Tieren verbunden und in der Kunst in ihrer Gestalt abgebildet. So gilt der Widder als Symboltier des Amun, und zu den großen Amun-Tempeln von Karnak und Luxor führen heute zum Teil noch gut erhaltene steinerne Alleen von widdergestaltigen Sphingen. In manchen Tempeln werden auch lebende Tierexemplare gehalten, die als Verkörperung eines Gottes gelten. Sie werden feierlich gehegt und bestattet, und an Festtagen führt man sie, ähnlich wie die Götterstatuen, in einer Prozession aus dem Tempel und stellt sie dem Volk zur Schau. Das bekannteste heilige Tier ist der Apis-Stier:

Hép^{h}e

Die heiligen Apis-Stiere leben im Tempelbezirk des Ptah zu Memphis und werden im nahegelegenen Sakkara in den unterirdischen Galerien des Serapeums begraben, das man heute als Tourist besichtigen kann.

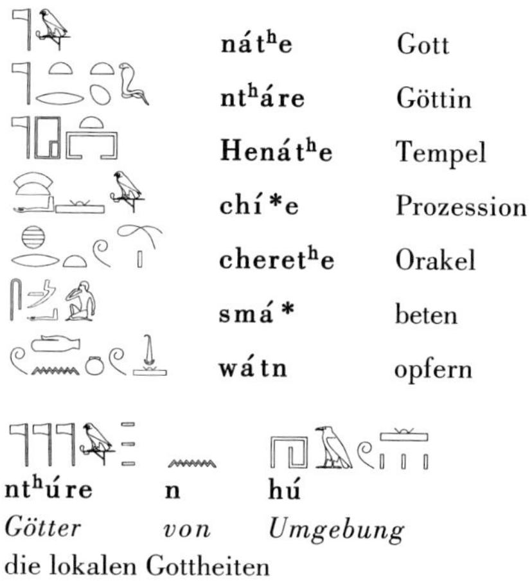

	nát^{h}e	Gott
	nt^{h}áre	Göttin
	Henát^{h}e	Tempel
	chí*e	Prozession
	cheret^{h}e	Orakel
	smá*	beten
	wátn	opfern

nt^{h}úre	**n**	**hú**
Götter	*von*	*Umgebung*

die lokalen Gottheiten

LIEBE UND FAMILIE

Die normale Lebensperspektive der Ägypter besteht in der Ehe, die geschlossen wird, sobald der künftige Ehemann alt genug ist, um eine Familie ernähren zu können. Über die bei der Eheschließung stattfindenden Feierlichkeiten wissen wir nichts; mit der Ehe ist aber wohl, so wie auch heute noch in der islamischen Welt, keine religiöse Weihe verbunden.

Die Forscher sind sich über die Frage noch nicht einig, ob im Alten Ägypten ein Mann manchmal mehrere Ehefrauen haben kann; für den Pharao ist allerdings die Unterhaltung eines Harems durchaus normal. Die Ehe wird ab und zu zwischen Verwandten wie Cousin und Cousine geschlossen; die später von den Ptolemäerkönigen praktizierte berüchtigte Geschwisterehe kommt im Neuen Reich noch nicht vor.

Kinder sind sicherlich in den meisten Fällen erwünscht, zumal von ihnen die Altersversorgung der Eltern abhängt. Für viele Ägypter kommt der Glaube hinzu, daß das Wohlergehen der Toten im Jenseits durch die Aufrechterhaltung eines Totenkultes (Sprechen von Gebeten, regelmäßige Opfergaben) gefördert wird, und hierfür sind in erster Linie die Kinder verantwortlich. Nur besonders privilegierte Persönlichkeiten dürfen Statuen von sich in den staatlichen Tempeln aufstellen und können dann damit rechnen, daß die Priester ihren Kult pflegen.

Allerdings betreiben die Ägypter auch Maßnahmen zur Empfängnisverhütung (Diaphragma-Prinzip) und nehmen Abtreibungen vor.

Geliebte reden sich in Ägypten als "Bruder" und "Schwester" an. Damit bringen sie zum Ausdruck, daß sie sich wie Mitglieder einer Familie fühlen:

sán
Bruder
Liebling

sáne
Schwester
Liebling

úbe **erá**
Herz-ich♂ *zu-du♀*
Ich liebe dich (Mann zu Frau).

úbe **erák**[h]
Herz-ich♀ *zu-du♂*
Ich liebe dich (Frau zu Mann).

merúj   **t^he**   **e**   **čewe**   ***á**   **were**
lieben-ich♂   *du♀*   *zu*   *Übel*   *groß*   *sehr*
Ich habe mich ganz heftig in dich verliebt (Mann zu Frau).

k^wene umarmen   **sene** küssen

héj Ehemann   **Híme** Ehefrau

n   **t^hi**   **n**   **héj**
nicht   *ich♂*   *als*   *Ehemann*
Ich bin noch nicht verheiratet (vom Mann gesagt).

...
se   **nte**   ...
sie   *mit*   ...
Sie ist mit ... zusammen (als [Ehe-]Paar).

...
se   **n**   **Híme**   **nte**   ...
sie   *als*   *Ehefrau*   *mit*   ...
Sie ist mit ... verheiratet.

seče   **erm**
liegen   *mit*
mit jemandem schlafen

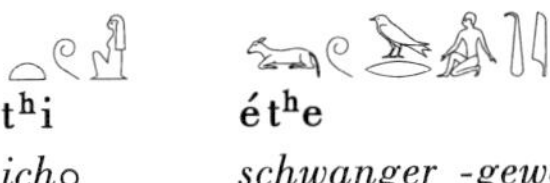

t^{h}i **ét^{h}e**
ich♀ *schwanger -geworden*
Ich bin schwanger.

ubúte **m** **míse**
Monate *von* *Geburt*
(Zeit der) Schwangerschaft

An der Schulausbildung, die vor allem das Lesen und Schreiben vermittelt, nimmt nur ein geringer Prozentsatz der Jungen teil. Daß ein Mädchen zu einer schreibkundigen Beamtin ausgebildet wird, ist noch viel seltener, kommt aber vor.

et^{h}e **tí** **p^{h}e** **šúre** **e**
man-wird *geben* *der* *Junge* *zu*

t^{h}e ***u** **n** **súbe**
das *Haus* *von* *Unterricht*
Der Junge kommt jetzt in die Schule.

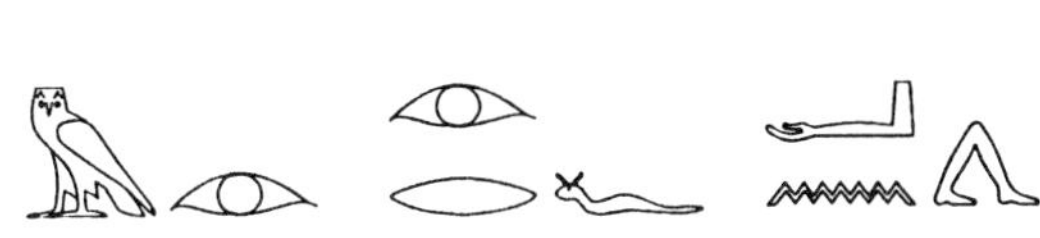

Tu das nie wieder!

GEFÜHLSÄUßERUNGEN

t^{h}i　　ríše
ich♂　　sich-freuen
Ich freue mich.

t^{h}i　　snít
ich♂　　sich-fürchten
Ich habe Angst.

t^{h}i　　géf
ich♂　　staunen
Ich staune.

t^{h}i　　heret^{h}e　　emáf
ich♂　　zufrieden　　mit-es
Ich bin damit zufrieden.

t^{h}i　　šáne　　n　　Ht^{h}új
ich♂　　leiden　　an　　Herz-ich♂
Ich bin traurig / verzweifelt.

Ht^{h}új　　múre　　ník^h
Herz-ich♂　　krank　　für-du♂
Ich habe Mitleid mit dir.

Ht^{h}új　　nátme
Herz-ich♂　　süß
Ich bin glücklich.

t^{h}i　　kánt
ich♂　　wütend-sein
Ich bin wütend.

Ht^{h}új　　fét^h
Herz-mein♂　　verzagt
Ich gebe auf. Ich bin verzagt.

t^{h}i　　Hečen
ich♂　　empört-sein
Ich bin unzufrieden / empört.

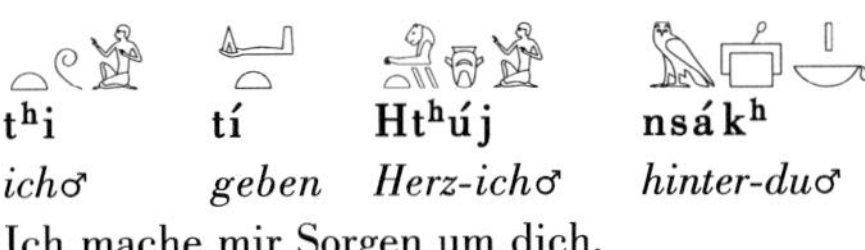

t^{h}i tí Ht^{h}új nsák^{h}

ich♂ geben Herz-ich♂ hinter-du♂

Ich mache mir Sorgen um dich.

KRANK SEIN

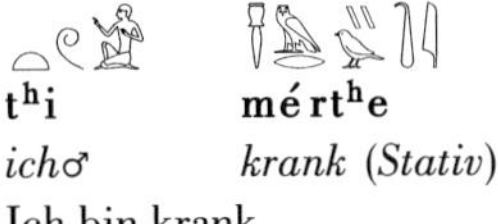

t^{h}i mért^{h}e

ich♂ krank (*Stativ*)

Ich bin krank.

t^{h}i šáne ḏhút^{h}e

ich♂ leiden Bauch-ich♂

Ich habe Bauchschmerzen.

šete Há*e seref

bekommen Körper-ich♂ Hitze

Ich habe Fieber.

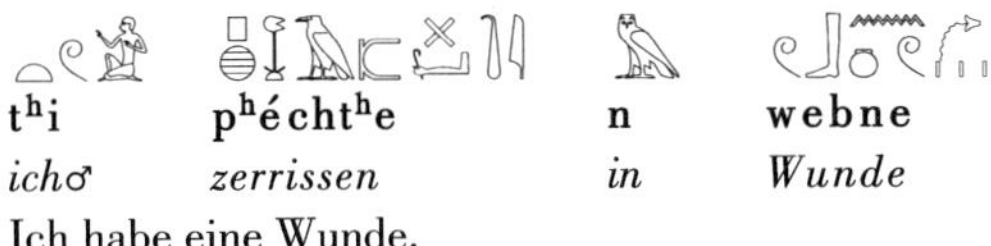

t^{h}i p^{h}écht^{h}e n webne

ich♂ zerrissen in Wunde

Ich habe eine Wunde.

Zu den größten Gefahren für das menschliche Leben überhaupt zählen in Ägypten Bisse giftiger Schlangen und Skorpione. Da man keine geschlossenen Schuhe, sondern einfache Sandalen trägt, sind solche Verletzungen besonders häufig. Sie drohen sogar zu Hause, da diese Tiere in bewohnte Gebäude eindringen können.

p^{h}esH	**e**	**we***	**Háfe**
beißen	*mich♂*	*ein*	*Schlange*

Eine Schlange hat mich gebissen.

wáHe Skorpion

alí	**p^{h}ej**	**mér**	**nt^{h}e**	**emáj**
entferne	*diese*	*Krankheit*	*die*	*in-ich♂*

Vertreibe diese Krankheit, die in mir steckt!

In Ägypten gibt es professionelle Ärzte, die teilweise auf bestimmte Fachrichtungen spezialisiert sind. Die ägyptische Heilkunde macht von zahllosen pflanzlichen und tierischen Heilmitteln Gebrauch und ist im Altertum wegen ihres Entwicklungsstandes weithin berühmt. Neben Medikamenten mit naturwissenschaftlich nachweisbarer Wirksamkeit werden aber auch Mittel angewandt, die aus unserer Sicht magischen Charakter haben. Außerdem können ergänzend zu den Heilmitteln Zaubersprüche eingesetzt werden. Ihre Funktionsweise besteht in der Regel darin, daß auf heilende Prinzipien in der götterweltlichen Sphäre Bezug genommen wird, an denen der Patient durch den Zauber teilhaben soll. Zaubersprüche sind meist in der klassischen Sprache abgefaßt (näheres dazu im Kapitel "Tempelinschriften auf Klassisch-Ägyptisch"), was zur Folge hat, daß einfache Ägypter wenig von ihnen verstehen; die Sprache verleiht ihnen aber einen Nimbus von ehrwürdiger Altertümlichkeit.

Eine aus dem Alten Ägypten überlieferte Behandlungsmethode für Verbrennungen sieht beispielsweise wie folgt aus: Man spült die Brandwunde mit einer Mixtur aus Muttermilch einer Frau, die einen Jungen geboren hat, Baumharz und Haaren einer Katze. Dabei rezitiert der Arzt folgenden Spruch in Klassischem Ägyptisch:

(Arzt:) "Dein Sohn Horus hat sich in der Wüste verbrannt!" – (Isis:) "Gibt es dort Wasser?" – (Arzt:) "Es gibt kein Wasser." – (Isis:) "Aber es ist Wasser in meinem Munde und ein Nil zwischen meinen Schenkeln. Ich bin auf dem Weg, um den Brand zu löschen."

Der Arzt berichtet hier über eine Verbrennung des Gottes Horus und wendet sich an dessen göttliche Mutter. Auch wenn ihr Name nicht ausgesprochen wird, weiß jeder Ägypter sofort, daß es sich dabei um die zauberkräftige Isis handelt. Sie verspricht, die Verbrennung ihres Sohnes mit den Wassermassen kosmischen Ausmaßes zu bekämpfen, die nach ägyptischer Vorstellung aus ihren Körperflüssigkeiten hervorgehen. Durch den Spruch wird deutlich, daß auch die im Rezept verwendete Muttermilch in diesem Zusammenhang als Symbol für die heilkräftigen Weltengewässer fungiert, denn die Frau, die einen Jungen geboren hat, bildet die irdische Entsprechung zur Göttin Isis, der Mutter des Horus. Durch die Anwendung des Katzenhaares wird die raubkatzenförmig vorgestellte Göttin Sachmet symbolisch eingebunden, die als Auslöserin und gleichzeitig als Heilerin von Krankheiten aller Art gilt.

BRIEFE SCHREIBEN

Beim Briefeschreiben ist es in unserer Kultur üblich, an den Anfang eine Anrede und ans Ende die Unterschrift des Absenders jeweils mit einer besonderen Grußformel zu setzen. Ägyptische Briefe sind etwas anders aufgebaut und bestehen normalerweise aus fünf Teilen:

1. innere Adressierung: Name und Titel des Absenders sowie Name und Titel des Empfängers, beide durch einen waagerechten Strich getrennt. Wenn der Empfänger allerdings ranghöher als der Absender ist, dreht man normalerweise die beiden Namen um, damit der Empfänger ganz an den Anfang des Briefes zu stehen kommt.
2. einleitende, religiös gehaltene Grußformel
3. der eigentliche Briefinhalt
4. Abschiedsgruß
5. äußere Adressierung. Eine Wiederholung von Punkt 1, die man ganz unten auf die Rückseite des Papyrusblattes schreibt. Ägyptische Briefe werden nämlich nicht in einen Umschlag gesteckt, sondern so gefaltet, daß nach dem Verschnüren und Versiegeln nur noch die äußere Adressierung sichtbar bleibt. Es ist auch eine Kurzform möglich, die auf die Nennung des Absenders verzichtet:

es **n** ...

sie-wird-sein *für* ...

"Sie soll für ... sein" ("sie" bezieht sich auf den Brief, das ägyptische Hauptwort **šé*e** hierfür ist weiblich.)

Der Abschiedsgruß (Punkt 4) ist sehr einfach, denn er lautet nur:

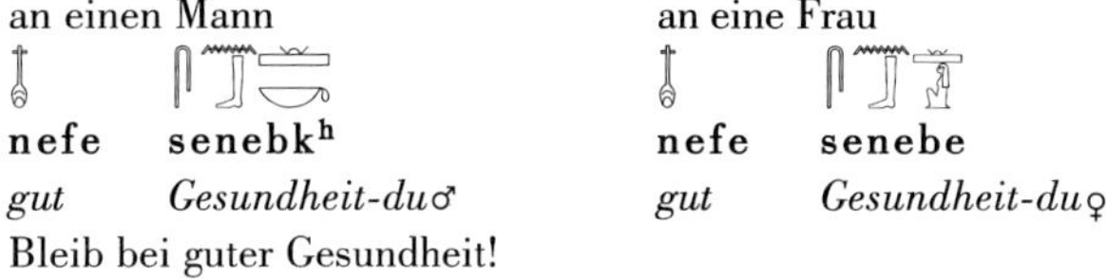

an einen Mann		an eine Frau	
nefe	**senebk^h**	**nefe**	**senebe**
gut	*Gesundheit-du♂*	*gut*	*Gesundheit-du♀*

Bleib bei guter Gesundheit!

Viel komplizierter und vom relativen sozialen Status der Briefpartner abhängig ist die einleitende Grußformel (Punkt 2). Nur in Briefen an einen deutlich Untergebenen kann sie ganz fortfallen und auf Punkt 1 folgt fast unmittelbar der Briefinhalt:

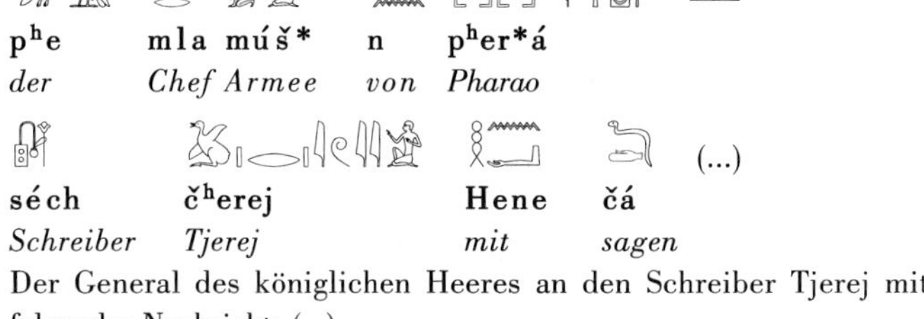

p^{h}e **mla múš*** **n** **p^{h}er*á** —

der *Chef Armee* *von* *Pharao*

séch **č^{h}erej** **Hene** **čá** (...)

Schreiber *Tjerej* *mit* *sagen*

Der General des königlichen Heeres an den Schreiber Tjerej mit folgender Nachricht: (...)

Der Anfang eines Briefes an eine ungefähr gleichrangige Person ist dagegen viel länger und kann zum Beispiel so aussehen:

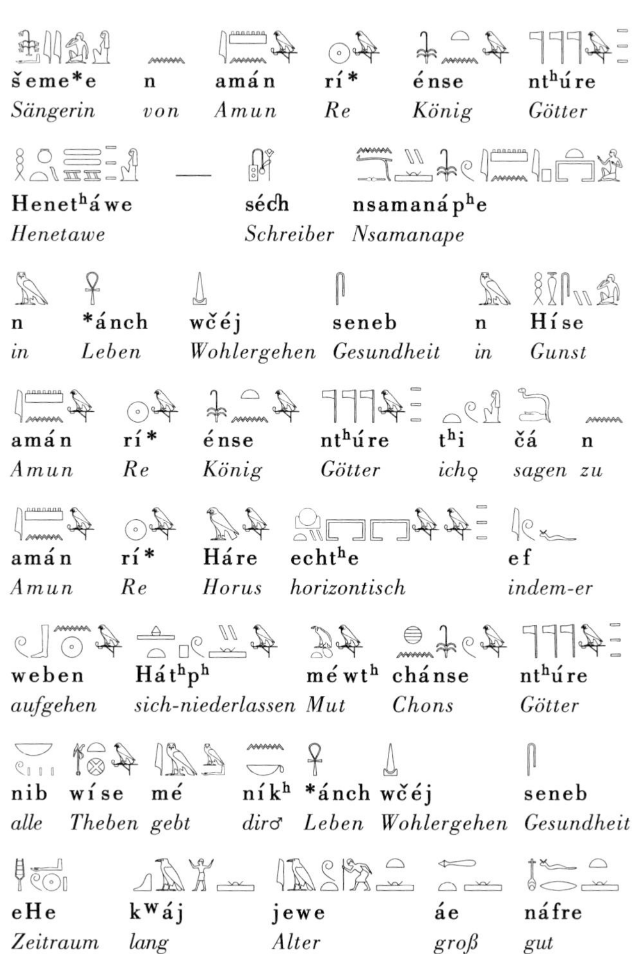

šeme*e **n** **amán** **rí*** **énse** **nt^{h}úre**
Sängerin von Amun Re König Götter

Henet^{h}áwe — **séch** **nsamanáp^{h}e**
Henetawe Schreiber Nsamanape

n ***ánch** **wčéj** **seneb** **n** **Híse**
in Leben Wohlergehen Gesundheit in Gunst

amán **rí*** **énse** **nt^{h}úre** **t^{h}i** **čá** **n**
Amun Re König Götter ich♀ sagen zu

amán **rí*** **Háre** **echt^{h}e** **ef**
Amun Re Horus horizontisch indem-er

weben **Hát^{h}p^{h}** **méwt^{h}** **chánse** **nt^{h}úre**
aufgehen sich-niederlassen Mut Chons Götter

nib **wíse** **mé** **ník^{h}** ***ánch** **wčéj** **seneb**
alle Theben gebt dir♂ Leben Wohlergehen Gesundheit

eHe **k^{w}áj** **jewe** **áe** **náfre**
Zeitraum lang Alter groß gut

Híse	**k^{w}ene**	***eše**	**mbéH**	**amán**	**rí***
Gunst	*zahlreich*	*viel*	*vor*	*Amun*	*Re*

énse	**nt^{h}úre**	**p^{h}ek^{h}**	**níb**	**náfe**
König	*Götter*	*der-du♂*	*Herr*	*gut*

e	**p^{h}ére**	**t^{h}e**
der(Vergangenheit)	*sehen*	*dich*

"Henetawe, Sängerin des Götterkönigs Amun-Re (*ein Priesterinnentitel*), an den Schreiber Nsamanape: In Leben, Wohlergehen und Gesundheit und in der Gunst des Götterkönigs Amun-Re! Ich bitte Amun-Re–Horus-des-Horizonts (*Amun-Re in seiner Form als Sonnengott*), wenn er auf- und wenn er untergeht, Mut (*die göttliche Gemahlin Amuns*), Chons (*das göttliche Kind von Amun und Mut*) und alle anderen thebanischen Götter, Dir Leben, Wohlergehen, Gesundheit, ein langes Leben und ein glückliches hohes Alter zu schenken sowie überaus zahlreiche Wohltaten von Deinem guten Herrn, dem Götterkönig Amun-Re, der Dich schon wahrgenommen hat."

Die versandfertigen Briefe gibt man Leuten mit, die in die Richtung des Adressaten unterwegs sind. Man kann nicht immer sicher sein, ob der Brief wirklich bei der richtigen Adresse anlangt, und fragt daher vielleicht beim nächsten Mal nach:

ene	**p^{h}eH**	**t^{h}e**	**šé*e**	**erák^{h}**
(*Frage*)	*ankommen*	*der*	*Brief*	*zu-du♂*

Ist der Brief bei dir angekommen?

							(...)
t^{h}ej	**šé*e**	**t^{h}ewe**	**sp^{h}ét^{h}e**	**eráj**	**n**	**táre**	(...)
dies	*Brief*	*dein-ist*	*erreicht*	*zu-ich♂*	*in*	*Hand*	(...)

Dieser Brief von dir ist durch (Person X) zu mir gekommen.

p^{h}eHú w	**eráj**	**etú rw**	**wep^{h}e**	**t^{h}ej**
ankommen-sie	*zu-ich♂*	*alle-sie*	*außer*	*dieser*

				(...)
še*e	**e**	**túk^{h}**	**n**	(...)
Brief	*der(Vergangenheit)*	*geben-du♂*	*zu*	(...)

Sie sind alle bei mir angekommen bis auf den Brief,
den du dem (...) gegeben hast.

NAMENGEBUNG

Die Ägypter haben nur einen Personennamen; erbliche Familiennamen sind unbekannt. Manche Leute tragen allerdings noch einen Zweit- oder Spitznamen.

Der Name wird dem Kind bei der Geburt gegeben, und zwar in der Regel von der Mutter. Anders als bei uns sind die ägyptischen Namen in den meisten Fällen übersetzbar, wenn auch in ihnen altertümliche Wörter und grammatische Formen vorkommen können, die zu Lebzeiten des Namensträgers ansonsten nicht mehr gängig sind. In den meisten Fällen tritt als ein Bestandteil der Name eines Gottes auf, unter dessen besonderen Schutz das Kind mit der Namengebung gestellt wird. Im Neuen Reich ist der Reichs- und Weltgott Amun vorherrschend mit Namen wie "Amuns Diener

bzw. Dienerin", "Amun der Gute", "Amun ist geboren", "Amun ist zufrieden", "Amun soll Leben schenken", "Amun mein Vater", "Amun ist bei mir", "Mein Herz denkt an Amun" und so weiter, aber im Prinzip können alle anderen Götter genauso als Schutzpatron auftreten, je nach den Vorlieben der betreffenden Familie und dem am Ort vorherrschenden Lokalkult. Noch einfacher kann man die Zugehörigkeit eines Kindes zu einer Gottheit dadurch ausdrücken, daß man ihm schlicht ihren Namen ohne weitere Zusätze überträgt. So heißen viele Ägypter einfach "Isis", "Horus", "Wennafre" (Beiname des Osiris), "Re", "Chons" oder "Thot".
Es ist bei alldem eine Tendenz, wenn auch keine feste Regel, daß man Jungen eher nach männlichen, Mädchen eher nach weiblichen Gottheiten benennt.
Neben diesen religiösen Namen sind auch Namen profaner Bedeutung häufig, die dann heißen "Allerschönste", "Kleiner", "Maus", "Esel", "Gutes Jahr", "Die Stadt ist glücklich", "Was wird aus ihm werden?" und vieles mehr.
Viele ägyptische Namen können von Männern und Frauen gleichermaßen getragen werden. In der Hieroglyphenschrift bleibt aber die Unterscheidung des Geschlechts dadurch gewährleistet, daß auf alle männlichen Namen das Zeichen eines Mannes, auf weibliche Namen das Zeichen einer Frau folgt. Im Neuen Reich häufige Namen sind:

(vorwiegend) männliche Namen

Hieroglyphen	Aussprache	Übersetzung
	amanemHú	Amun ist vorne
	amanmásje	Amun ist geboren

	amannácht^{h}e	Amun ist siegreich
	Háre	Horus (Gottesname)
	més	Kind
	nefeHát^{h}p^{h}	Es ist schön, auszuruhen
	neferHá	Schöngesicht
	nsamán	Er gehört dem Amun
	p^{h}ešáte	Erretter
	p^{h}t^{h}aHmásje	Ptah ist geboren
	ri*másje	Re ist geboren
	tHawt^{h}másje	Thot ist geboren
	wennáfre	Vollkommener
	weserHú	(*Übersetzung unsicher*)

(vorwiegend) weibliche Namen

Hieroglyphen	Aussprache	Übersetzung
	bák^{h}e	Dienerin
	jaHHát^{h}p^{h}e	Der Mond ist untergegangen
	máje	Liebling
	mewt^{h}mwéje	Mut (Göttin) in der Barke
	mewt^{h}náfre	Mut die Gute
	nabenáfre	"Gold" (Bezeichnung der Göttin Hathor) die Gute

	nafret^{h}íre	Allerschönste
	náhe	Sykomore
	úse	Isis (Gottesname)
	usenáfre	Isis die Gute
	t^{h}eche*e	Glanzvolle
	t^{h}emjá	Katze
	t^{h}ewásre	Mächtige
	werel	(*nicht übersetzbar*)

nicht geschlechtsspezifische Namen

Bei diesen Namen fehlt die letzte Hieroglyphe: Man muß man in der Schrift je nach dem Geschlecht des Namensträgers am Ende noch die Hieroglyphe eines Mannes oder einer Frau hinzufügen.

Hieroglyphen	Aussprache	Übersetzung
	amannáp^{h}e	Amun ist in Luxor
	amanemHáb	Amun feiert
	amanHát^{h}p^{h}e	Amun ist zufrieden
	ep^{h}eje	(Kurzform von **amannáp^{h}e**)
	Háje	(Kurzform von **amanHát^{h}p^{h}e**)
	jaHmásje	Der Mond ist geboren
	majrí*	Re's Liebling
	t^{h}íje	(*nicht übersetzbar*)

Der Pharao trägt eine feierliche Königstitulatur aus fünf Namen, die ihrerseits jeweils aus mehreren Bestandteilen bestehen können. Den letzten Namen erhält er schon bei der Geburt, die ersten vier Namen nimmt er erst bei der Thronbesteigung an.
Zu Königsnamen wird kein Zeichen oder hinzugefügt, stattdessen setzt man die beiden letzten Namen in den Königsring , auch "Kartusche" genannt.
Bei den in Europa bekannten Namensformen wie "Ramses", "Thutmosis", "Echnaton" usw. handelt es sich in der Regel um den fünften, seinen Geburtsnamen. In den ägyptischen Texten und Inschriften wird der Pharao allerdings häufiger mit seinem vierten Namen genannt. Die ersten drei Namen findet man im allgemeinen nur selten.
Nehmen wir als Beispiel den Namen Ramses' II, der in seiner beeindruckenden 66-jährigen Regierungszeit (1279–1213 v.Chr.) unzählige Monumente im ganzen Land beschriften ließ, so daß man seinen Namen unter den heute in Ägypten noch sichtbaren Kartuschen am allerhäufigsten antrifft. Er heißt mit seinem fünften Namen, um nur einige der zahlreichen Schreibvarianten zu nennen:

Die einzelnen Namensbestandteile werden in den Kartuschen nicht in der Reihenfolge, in der man sie spricht, sondern nach ästhetischen und symbolischen Erwägungen angeordnet. Ihre "richtige" Reihenfolge wäre wie folgt:

ri*	**masí**	**se**	**maj**	**amáne**
Re	*ist-es-der-erschuf*	*ihn*	*geliebt-von*	*Amun*

"Re (Gott) ist es, der ihn erschaffen hat" – "Von Amun (Gott) geliebt".

Aus der ersten Hälfte dieses fünften Namens hat sich – vermittelt durch die Alten Griechen – unsere Benennung "Ramses" entwickelt.

Sein vierter Name lautet (in der bekanntesten Variante):

zu lesen in der Reihenfolge

wás	**mú***	**rí***	**sat^{h}ep^{h}ne**	**rí***
mächtig	*Weltordnung*	*Re*	*auserwählt*	*Re*

"Die Weltordnung des Re ist gewaltig" – "Von Re auserwählt".

Selbstverständlich sind diese Namen nicht auf Neuägyptisch, sondern in der Klassischen Sprache abgefaßt. Dabei hat man sich ein bedeutungsvolles Spiel erlaubt: Der Name **ri*masíse** ist nämlich nichts anderes als eine Abwandlung das weitverbreiteten ägyptischen Männernamens **ri*másje**. Aus diesem Namen, normalerweise als "Re (der Sonnengott) ist geboren" zu übersetzen, ergibt sich nach einer geringfügigen Veränderung des Wortlauts auf Klassisch-Ägyptisch die Bedeutung "Re ist es, der ihn (d.h. den König) erschaffen hat", eine Aussage, die das Selbstverständnis des ägyptischen Pharao, der sich selbst als Gottessohn betrachtet, klar zum Ausdruck bringt.

WIE SCHREIBE ICH MEINEN NAMEN IN HIEROGLYPHEN?

Auf T-Shirts, Lesezeichen und ähnlichen Ägypten-Souvenirs schreibt man gern moderne Namen in Hieroglyphen, die oft frevelhafterweise in einen Königsring gesetzt werden. Es ist üblich, dabei nicht alle Hieroglyphen zu verwenden, sondern sich mit einer Auswahl von Einkonsonantenzeichen zu begnügen, die zahlenmäßig ungefähr dem Umfang unseres Alphabets entspricht. Die Lautwerte, die man den Hieroglyphen dabei gewöhnlich gibt, entsprechen der wirklichen ägyptischen Aussprache aber nur grob; ein "echter" Ägypter des Neuen Reiches hätte unsere Namen sicherlich etwas anders geschrieben. Besonders verbreitet ist folgendes System:

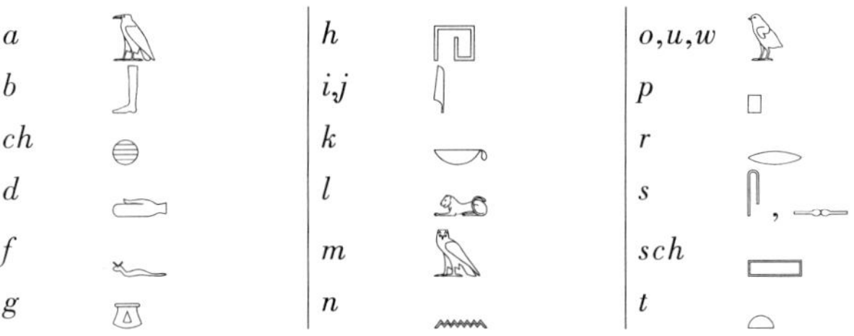

Der Buchstabe *e* wird entweder durch ersetzt oder ganz fortgelassen.

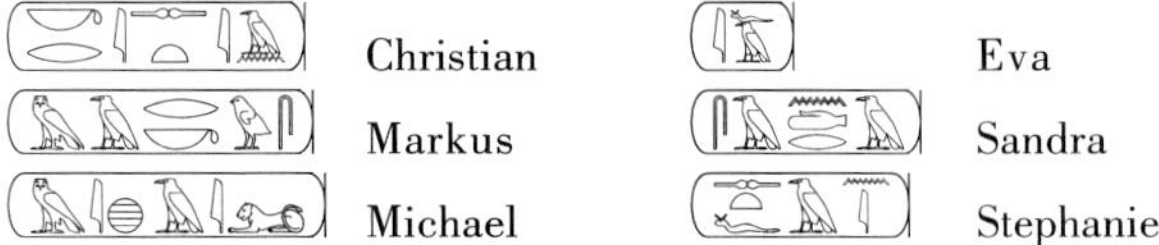

TEMPELINSCHRIFTEN AUF KLASSISCH-ÄGYPTISCH

Die Ägypter waren sich ihrer langen Geschichte bewußt und hatten Monumente aus ihrer weit zurückreichenden Vergangenheit überall vor Augen. Besonders wenn es um religiöse oder offizielle Belange ging, legten sie ein starkes Traditionsbewußtsein an den Tag und orientierten sich am Vorbild ihrer Vorfahren. Das zeigt sich zum Beispiel in der ägyptischen Kunst und Architektur, wo immer wieder Rückgriffe auf ältere Vorbilder zu beobachten sind und bestimmte um die Zeit der Staatsgründung entwickelte Grundmuster für Jahrtausende Bestand hatten.

Ähnlich versuchte man religiöse und offizielle Texte in einer traditionellen Sprache abzufassen. Zwar stammen die meisten Inschriften in den bis heute erhaltenen Tempeln und Gräbern aus einer Zeit, als man im Alltag schon längst Neuägyptisch oder noch spätere Sprachformen verwendete, aber sie sind trotzdem meistens in der klassischen Sprache formuliert.

Die Klassische Sprache weicht vom Neuägyptischen stark ab und mußte in den Schulen wie eine Fremdsprache unterrichtet werden. Die Schüler lernten dabei große Stücke der klassischen Literatur auswendig. Der berühmte Stein von Rosetta, anhand dessen Jean François Champollion 1822 die Hieroglyphen entzifferte, enthält ein und denselben Text in beiden Sprachformen als Übersetzungen nebeneinander: ganz oben in der Klassischen Sprache, in der Mitte in einer späten Form des Neuägyptischen in der besonders kursiven "demotischen" Schrift. Dazu wurde ganz unten der Text noch in einer griechischen Übersetzung eingemeißelt, weil Ägypten zur Zeit der Abfassung unter der Herrschaft der Ptolemäerkönige stand.

Wir geben hier nur ein wenig Hilfestellung dazu, einige in den Tempelinschriften immer wiederkehrende Formeln zu identifizieren. Eingehend behandeln können wir das Klassische Ägyptisch in diesem Sprachführer nicht, zumal es eine sehr schwierige und komplexe Sprache ist.

Über die Aussprache der Klassischen Sprache wissen wir viel weniger als über die des Neuägyptischen, weswegen wir in diesem Abschnitt auf Ausspracheangaben ganz verzichten.

Dem Grundprinzip nach deckt sich das Schriftsystem mit dem neuägyptischen, aber im einzelnen werden viele Wörter mehr oder weniger anders geschrieben. Vor allem schreibt man auf "klassisch" oft viel knapper. Man kann zum Beispiel das Wort "Vater" als oder sogar nur als finden. Viele neuägyptische Wörter existieren in der Klassischen Sprache überhaupt nicht, und es treten dafür ganz andere Vokabeln ein. Dem neuägyptischen "Sohn" beispielsweise entspricht im Klassischen Ägyptisch ein Wort . Es gibt weder bestimmte noch unbestimmte Artikel, so daß das letztere Wort zum Beispiel auch "ein Sohn" oder "der Sohn" (und sogar "mein Sohn") übersetzt werden kann.

Wenn man sich eine gewöhnliche ägyptische Tempelwand anschaut, findet man sie über und über mit Opferszenen bedeckt, in denen der Pharao in vielfältig variiertem Ornat unterschiedlichsten Gottheiten Opfer darbringt. Denn der Pharao hat nach ägyptischer Auffassung die Aufgabe, die gesamte Menschheit vor den Göttern zu repräsentieren und stellvertretend für alle Menschen ihnen zu opfern und ihren Kult aufrechtzuerhalten. Als Gegenleistung garantieren die Götter dem Pharao, die Voraussetzungen für sein Wirken zu schaffen und zu erhalten: Sie schenken ihm langes Leben, Erfolg und Herrschaft über die Welt.

Der Name des Pharao, in dessen Auftrag die jeweilige Tempelwand dekoriert wurde, ist in Kartuschen geschrieben und daher immer bequem zu finden. Vor den Kartuschen erscheint in der Regel ein Ausdruck zur Bezeichnung des Pharao, von denen wir hier die typischsten Schreibungen aufführen. Wenn man die in Klammern ( )

stehenden Formen antrifft, kann man davon ausgehen, daß man sich in einem späten Tempel aus der Ptolemäer- oder Römerzeit befindet.

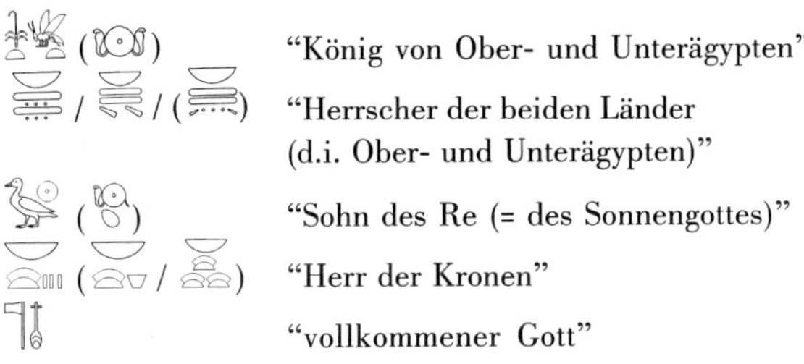

Man kann versuchen, schon aus der Bilddarstellung zu erkennen, was der König gerade opfert. Die Gaben werden aber auch häufig in einem beistehenden Text, den man unten vor dem König findet, noch näher beschrieben.

Der dem König gegenüberstehende oder -sitzende Gott wird meist in einer Beischrift mit Namen genannt. Man findet den Gottesnamen am einfachsten, wenn man zuerst den Ausdruck / ( ) sucht, der dem Namen normalerweise direkt vorangeht. Er bedeutet “Folgendermaßen spricht ...” und steht deswegen, weil der Gott dem König auf sein Opfer hin eine verbale Antwort gibt. In den Tempeln der Ptolemäer- oder Römerzeit kann derselbe Ausdruck vor einem Gottesnamen aber auch stehen, ohne daß eine göttliche Rede folgt.

Die Namen der Götter werden ähnlich wie auf neuägyptisch geschrieben und lassen sich daher in diesem Band im Kapitel “Götter und Tempel” aufsuchen. Als besondere “klassische” Schreibungen sollte man sich nur merken:

	Re		Amun-Re
	Osiris		Hathor

Hinter dem Gottesnamen sind evtl. Beiworte zu finden wie:

großer Gott, oder / Himmelsherr

Seine Rede beginnt der Gott vielfach mit den Worten

/ (/) "Ich schenke dir ..."

woraufhin er im einzelnen aufzählt, welche Güter er dem König schenkt. Das kann zum Beispiel sein:

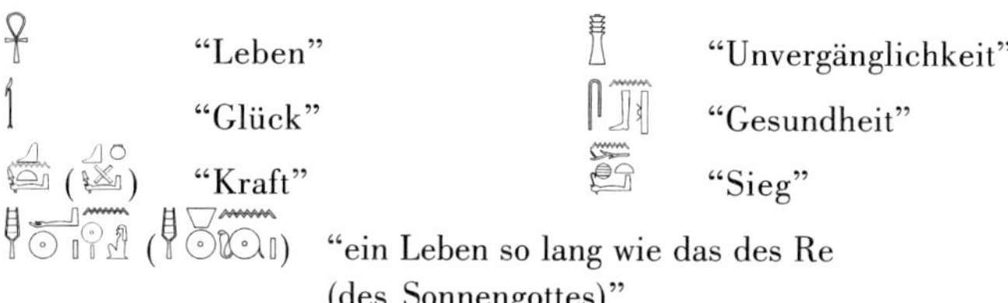

Die Tatsache, daß man Hieroglyphentexte von links nach rechts genausogut wie von rechts nach links schreiben kann, wird bei der Komposition einer Tempelwand geschickt ausgenutzt und bietet uns ein willkommenes Hilfsmittel zur Orientierung: Die Hieroglyphen blicken nämlich immer in dieselbe Richtung (man achte auf die menschen- oder tierförmigen Hieroglyphen) wie die Figur, auf die sich der Text bezieht oder die ihn spricht. Schaut also der Gott nach links, dann schauen in dieselbe Richtung auch die Hieroglyphen, die seine Rede darstellen, und sie sind von links nach rechts zu lesen. Schaut der Gott aber nach rechts, muß auch seine Rede von rechts nach links gelesen werden.

EMPFEHLENSWERTE LITERATUR

Lehrbücher, Grammatiken:

Friedrich JUNGE, *Neuägyptisch. Einführung in die Grammatik*, 1996, Wiesbaden, ISBN 3-447-03820-9, ca. DM 100,–. Brandneues und bisher einziges Lehrbuch des Neuägyptischen, dazu auf deutsch. Enthält zahlreiche erläuterte Textbeispiele. Auch als Grammatik zum Nachschlagen bestens geeignet. Nachteil: Das Buch setzt im Prinzip Kenntnisse des Klassischen Ägyptisch voraus. Wer mutig ist, kann sich aber auch nach der Lektüre dieses Kauderwelsch-Bandes heranwagen.

Jaroslav ČERNÝ & Sarah Israelit GROLL: *A Late Egyptian Grammar*, 4. Auflage 1993, Rom, ISBN 88-7653-435-0, ca. $ 50. *Die* Standardgrammatik des Neuägyptischen auf Englisch. Auch sie setzt Kenntnisse des Klassischen Ägyptisch voraus.

Wörterbücher:

Rainer HANNIG: *Die Sprache der Pharaonen. Großes Handwörterbuch Ägyptisch–Deutsch (2800–950 v.Chr.)*, 1995, Mainz, ISBN 3-8053-1771-9, ca. DM 130,–. Sehr praktisches, empfehlenswertes Wörterbuch, das mehrere Sprachstufen des Ägyptischen zugleich abdeckt, darunter auch das Neuägyptische. Mit ausführlicher Hieroglyphenliste.

Leonard H. LESKO (Hrsg.): *A Dictionary of Late Egyptian*, 5 Bände, 1984-1990, Berkeley CA, ISBN 0-930548-03-5 (Bd. 1), ca. $ 150. Einziges Spezialwörterbuch des Neuägyptischen.

Andere Sprachformen des Ägyptischen:

Karl-Th. ZAUZICH: *Hieroglyphen ohne Geheimnis. Eine Einführung in die altägyptische Schrift für Museumsbesucher und Ägyptentouristen*, 1980, Mainz, ISBN 3-8053-0470-6, ca. DM 40,-. Knappe und einfach gehaltene Einführung ins Klassische Ägyptisch. Das Buch stellt die Sprache nicht vollständig dar, sondern vermittelt das Verständnis bestimmter Ausdrücke und Formeln, die man häufig in ägyptischen Inschriften finden kann. Ein zweiter Band ist in Vorbereitung.

Erhart GRAEFE: *Mittelägyptische Grammatik für Anfänger*, 5. Aufl. 1997, Wiesbaden, ISBN 3-447-03903-5, ca. DM 70,–. Gute deutschsprachige Einführung in das Klassische Ägyptisch, vorwiegend für den akademischen Unterricht bestimmt.

Wolfgang SCHENKEL: *Tübinger Einführung in die klassisch-ägyptische Sprache und Schrift*, 4. Auflage 1994, Tübingen. Nicht im Buchhandel erhältlich (man wende sich an das Ägyptologische Institut der Universität Tübingen). Sehr moderne und forschungsorientierte Einführung in das Klassische Ägyptisch, für sprachwissenschaftlich Interessierte besonders empfehlenswert.

Thomas O. LAMBDIN: *Introduction to Sahidic Coptic*, 1983, Macon GA, ISBN 0-86554-048-9, ca. $ 40. Wer Ägyptisch lernen, sich aber nicht mit Hieroglyphen plagen will, beschäftigt sich am besten mit dem Koptischen (Ägyptisch in griechischen Buchstaben), das auch für Theologen sehr interessant ist. Dieses englische Lehrbuch ist für das Selbststudium bestens geeignet und enthält Lesestücke sowie ein umfangreiches Glossar.

WÖRTERLISTE DEUTSCH – ÄGYPTISCH

In dieser Liste sind alle weiblichen Hauptwörter mit dem Symbol ♀ gekennzeichnet.

Viele Tätigkeitswörter werden häufig oder sogar vorwiegend im Stativ verwendet, der sich von der Grundform in der Aussprache – nicht unbedingt auch in der Hieroglyphenschrift – unterscheidet. Bei einigen wichtigen Tätigkeitswörtern ist die Aussprache des Stativs besonders angegeben, wenn sie nicht nach den Regeln im Grammatikteil dieses Buches abgeleitet werden kann. Dabei verwenden wir die Abkürzungen *StoE* "Stativ ohne Endung" und *StmE* "Stativ mit Endung".

Deutsch	Hieroglyphen	Aussprache
Abend		rwáhe
abreisen		wíte
Ägypten		k^{h}úme♀
alle	(mit folg. Suffixpronomen)	etúr-
alle, jeder		nib
allein sein	(im Stativ verwendet)	we*e
als (in der Funktion als)		n
als (mehr als)		e
alt sein (von Personen)	(im Stativ verwendet)	áe
alt (von Dingen)		és
der andere		k^{h}e
die andere		k^{h}et^{h}e
die anderen		k^{h}et^{h}eche
Anfang		Hú♀
anfangen		šé*
Angst		snete♀
ankommen		sáp^{h}e
ankommen		p^{h}áH
anstelle von		etbe
antworten		wášb
Arbeit		k^{h}é♀
arbeiten		bák^h
sich ärgern		Hečen

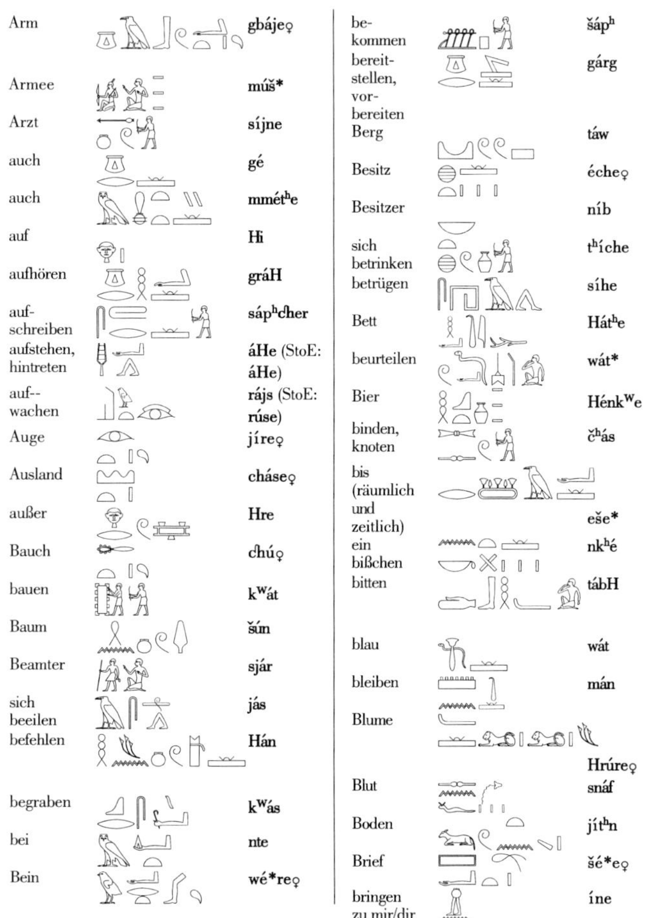

Deutsch	Aussprache
Arm	gbáje♀
Armee	múš*
Arzt	síjne
auch	gé
auch	mmét^{h}e
auf	Hi
aufhören	gráH
auf-schreiben	sáp^{h}c͡her
aufstehen, hintreten	áHe (StoE: áHe)
auf--wachen	rájs (StoE: rúse)
Auge	jíre♀
Ausland	cháse♀
außer	Hre
Bauch	c͡hú♀
bauen	k^{W}át
Baum	šún
Beamter	sjár
sich beeilen	jás
befehlen	Hán
begraben	k^{W}ás
bei	nte
Bein	wé*re♀
be-kommen	šáp^h
bereit-stellen, vor-bereiten	gárg
Berg	táw
Besitz	éche♀
Besitzer	níb
sich betrinken	t^{h}íche
betrügen	síhe
Bett	Hát^{h}e
beurteilen	wát*
Bier	Hénk^{W}e
binden, knoten	č^{h}ás
bis (räumlich und zeitlich)	eše*
ein bißchen	nk^{h}é
bitten	tábH
blau	wát
bleiben	mán
Blume	Hrúre♀
Blut	snáf
Boden	jít^{h}n
Brief	šé*e♀
bringen zu mir/dir	íne

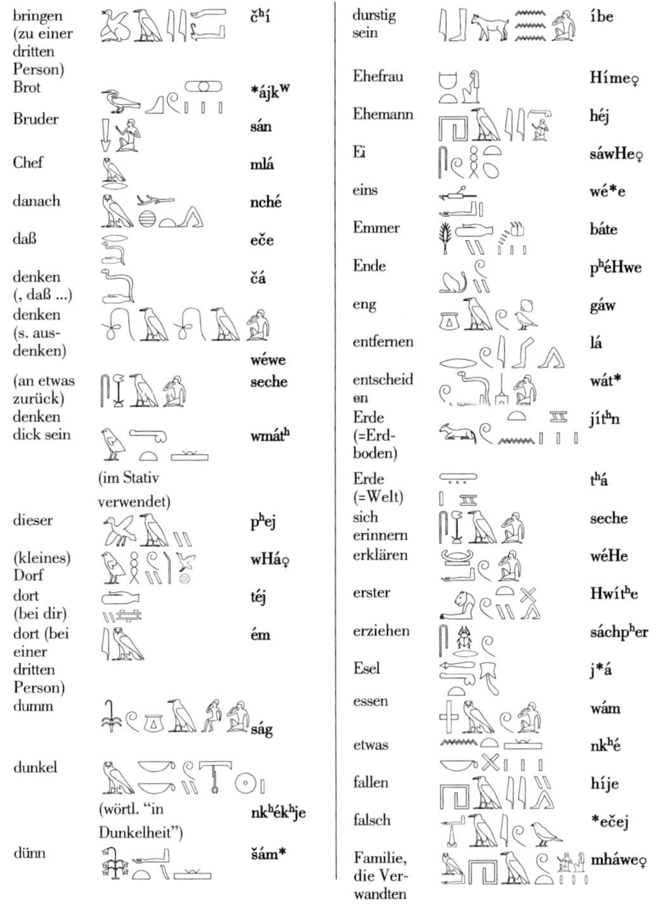

bringen (zu einer dritten Person)	č^{h}í
Brot	*ájk^{w}
Bruder	sán
Chef	mlá
danach	nché
daß	eče
denken (, daß ...)	čá
denken (s. ausdenken)	wéwe
(an etwas zurück) denken	seche
dick sein (im Stativ verwendet)	wmát^{h}
dieser	p^{h}ej
(kleines) Dorf	wHá♀
dort (bei dir)	téj
dort (bei einer dritten Person)	ém
dumm	ság
dunkel (wörtl. "in Dunkelheit")	nk^{h}ék^{h}je
dünn	šám*
durstig sein	íbe
Ehefrau	Híme♀
Ehemann	héj
Ei	sáwHe♀
eins	wé*e
Emmer	báte
Ende	p^{h}éHwe
eng	gáw
entfernen	lá
entscheiden	wát*
Erde (=Erdboden)	jít^{h}n
Erde (=Welt)	t^{h}á
sich erinnern	seche
erklären	wéHe
erster	Hwít^{h}e
erziehen	sáchp^{h}er
Esel	j*á
essen	wám
etwas	nk^{h}é
fallen	híje
falsch	*ečej
Familie, die Verwandten	mháwe♀

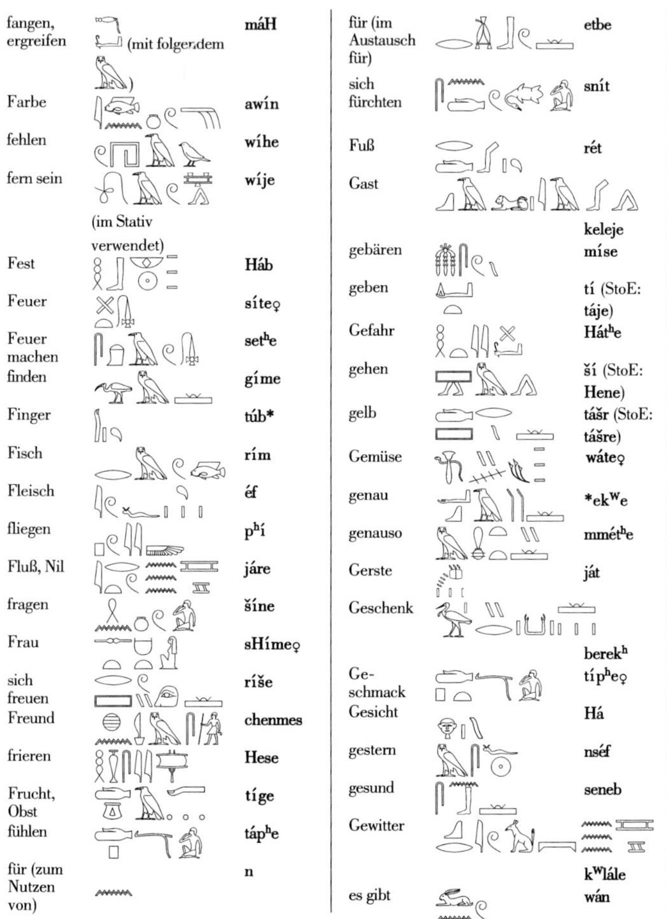

fangen, ergreifen (mit folgendem)	**máH**
Farbe	**awín**
fehlen	**wíhe**
fern sein (im Stativ verwendet)	**wíje**
Fest	**Háb**
Feuer	**síte♀**
Feuer machen	**set^{h}e**
finden	**gíme**
Finger	**túb***
Fisch	**rím**
Fleisch	**éf**
fliegen	**p^{h}í**
Fluß, Nil	**járe**
fragen	**šíne**
Frau	**sHíme♀**
sich freuen	**ríše**
Freund	**chenmes**
frieren	**Hese**
Frucht, Obst	**tíge**
fühlen	**táp^{h}e**
für (zum Nutzen von)	**n**
für (im Austausch für)	**etbe**
sich fürchten	**snít**
Fuß	**rét**
Gast	**keleje**
gebären	**míse**
geben	**tí** (StoE: **táje**)
Gefahr	**Hát^{h}e**
gehen	**ší** (StoE: **Hene**)
gelb	**tášr** (StoE: **tášre**)
Gemüse	**wáte♀**
genau	***ek^{W}e**
genauso	**mmét^{h}e**
Gerste	**ját**
Geschenk	**berek^{h}**
Geschmack	**típ^{h}e♀**
Gesicht	**Há**
gestern	**nséf**
gesund	**seneb**
Gewitter	**k^{W}lále**
es gibt	**wán**

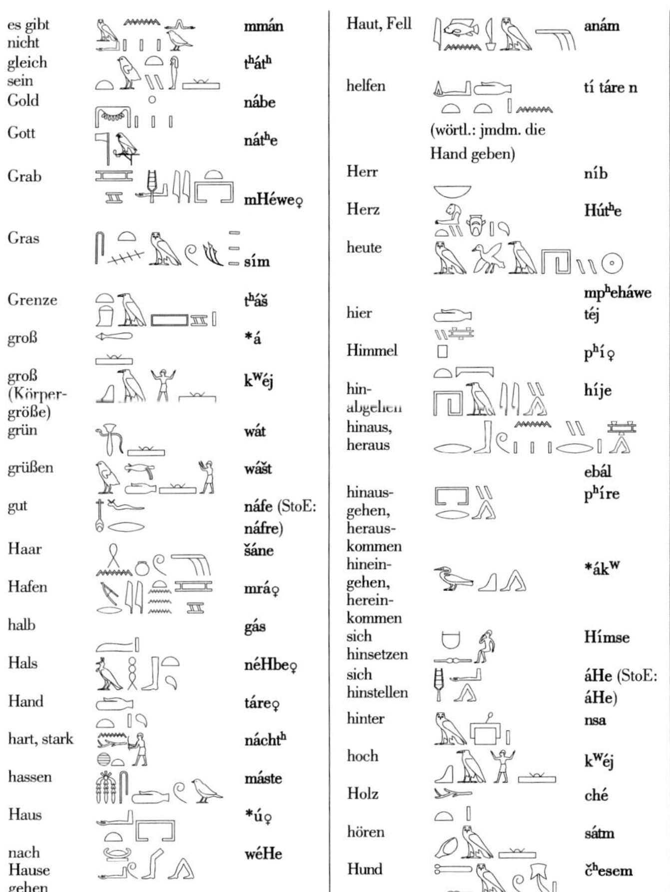

Deutsch	Umschrift
es gibt nicht	**mmán**
gleich sein	**t^hát^h**
Gold	**nábe**
Gott	**nát^{h}e**
Grab	**mHéwe♀**
Gras	**sím**
Grenze	**t^háš**
groß	***á**
groß (Körpergröße)	**k^Wéj**
grün	**wát**
grüßen	**wášt**
gut	**náfe** (StoE: **náfre**)
Haar	**šáne**
Hafen	**mrá♀**
halb	**gás**
Hals	**néHbe♀**
Hand	**táre♀**
hart, stark	**nácht^h**
hassen	**máste**
Haus	***ú♀**
nach Hause gehen	**wéHe**
Haut, Fell	**anám**
helfen	**tí táre n** (wörtl.: jmdm. die Hand geben)
Herr	**níb**
Herz	**Hút^{h}e**
heute	**mp^{h}eháwe**
hier	**téj**
Himmel	**p^{h}í♀**
hinabgehen	**híje**
hinaus, heraus	**ebál**
hinausgehen, herauskommen	**p^{h}íre**
hineingehen, hereinkommen	***ák^W**
sich hinsetzen	**Hímse**
sich hinstellen	**áHe** (StoE: **áHe**)
hinter	**nsa**
hoch	**k^Wéj**
Holz	**ché**
hören	**sátm**
Hund	**č^{h}esem**

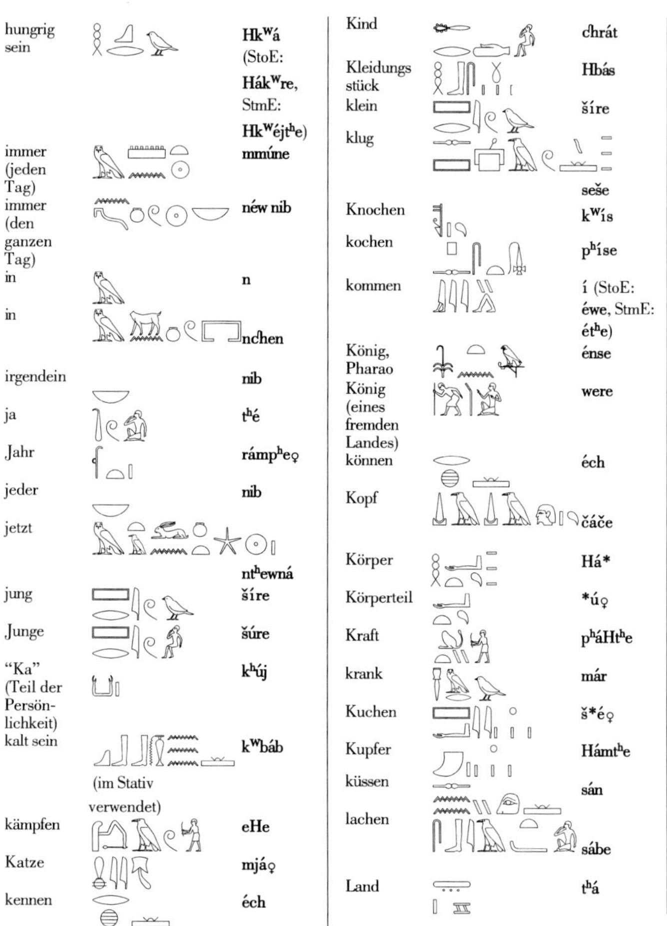

hungrig sein	Hk^{W}á (StoE: Hák^{W}re, StmE: Hk^{W}éjt^{h}e)
immer (jeden Tag)	mmúne
immer (den ganzen Tag)	néw nib
in	n
in	nchen
irgendein	nib
ja	t^{h}é
Jahr	rámp^{h}e♀
jeder	nib
jetzt	nt^{h}ewná
jung	šíre
Junge	šúre
"Ka" (Teil der Persönlichkeit)	k^{h}új
kalt sein	k^{W}báb
(im Stativ verwendet)	
kämpfen	eHe
Katze	mjá♀
kennen	éch
Kind	chrát
Kleidungsstück	Hbás
klein	šíre
klug	seše
Knochen	k^{W}ís
kochen	p^{h}íse
kommen	í (StoE: éwe, StmE: ét^{h}e)
König, Pharao	énse
König (eines fremden Landes)	were
können	éch
Kopf	čáče
Körper	Há*
Körperteil	*ú♀
Kraft	p^{h}áHt^{h}e
krank	már
Kuchen	š*é♀
Kupfer	Hámt^{h}e
küssen	sán
lachen	sábe
Land	t^{h}á

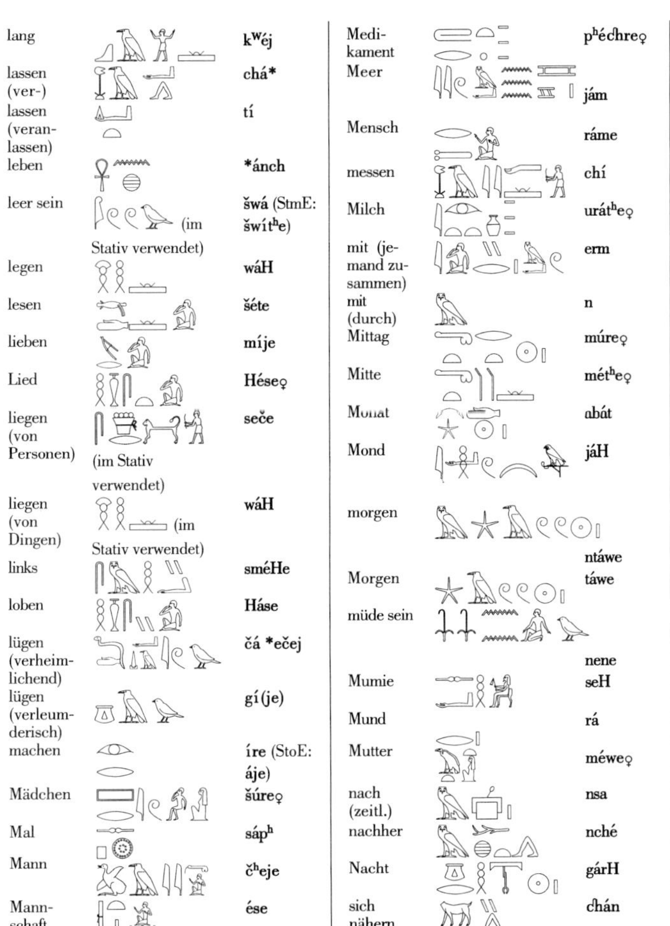

Deutsch	Hieroglyphen	Umschrift
lang		k^{w}éj
lassen (ver-)		chá*
lassen (veranlassen)		tí
leben		*ánch
leer sein	(im Stativ verwendet)	šwá (StmE: šwít^{h}e)
legen		wáH
lesen		šéte
lieben		míje
Lied		Hése♀
liegen (von Personen)	(im Stativ verwendet)	seče
liegen (von Dingen)	(im Stativ verwendet)	wáH
links		sméHe
loben		Háse
lügen (verheimlichend)		čá *ečej
lügen (verleumderisch)		gí(je)
machen		íre (StoE: áje)
Mädchen		šúre♀
Mal		sáp^{h}
Mann		č^{h}eje
Mannschaft		ése
Medikament		p^{h}échre♀
Meer		jám
Mensch		ráme
messen		chí
Milch		urát^{h}e♀
mit (jemand zusammen)		erm
mit (durch)		n
Mittag		múre♀
Mitte		mét^{h}e♀
Monat		abát
Mond		jáH
morgen		ntáwe
Morgen		táwe
müde sein		nene
Mumie		seH
Mund		rá
Mutter		méwe♀
nach (zeitl.)		nsa
nachher		nché
Nacht		gárH
sich nähern		chán

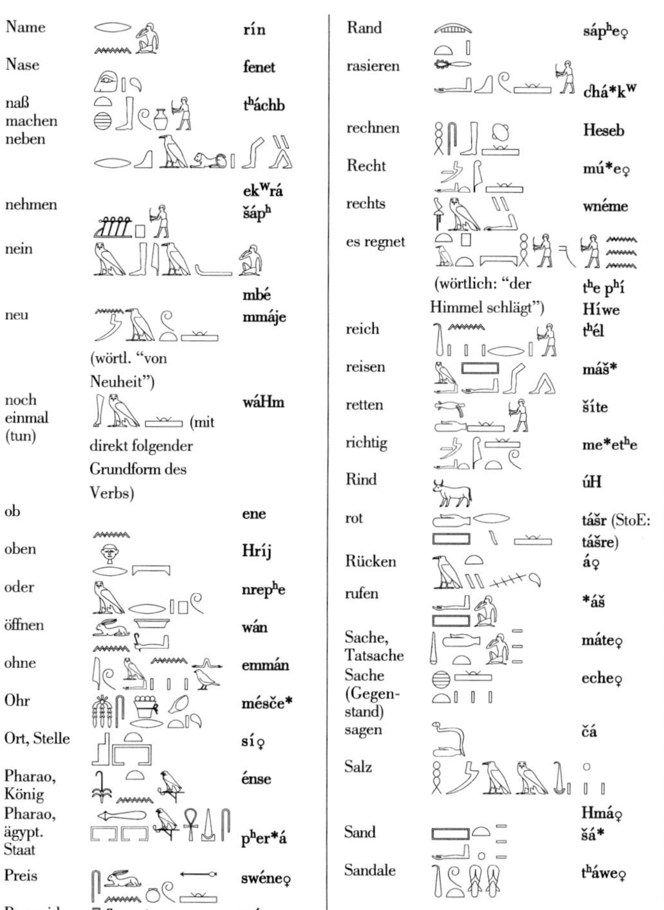

Name	rín
Nase	fenet
naß machen	t^{h}áchb
neben	ek^{W}rá
nehmen	šáp^h
nein	mbé
neu (wörtl. "von Neuheit")	mmáje
noch einmal (tun) (mit direkt folgender Grundform des Verbs)	wáHm
ob	ene
oben	Hríj
oder	nrep^{h}e
öffnen	wán
ohne	emmán
Ohr	mésče*
Ort, Stelle	sí♀
Pharao, König	énse
Pharao, ägypt. Staat	p^{h}er*á
Preis	swéne♀
Pyramide	mé
Rand	sáp^{h}e♀
rasieren	ɗhá*k^W
rechnen	Heseb
Recht	mú*e♀
rechts	wnéme
es regnet (wörtlich: "der Himmel schlägt")	t^{h}e p^{h}í Híwe
reich	t^{h}él
reisen	máš*
retten	šíte
richtig	me*et^{h}e
Rind	úH
rot	tášr (StoE: tášre)
Rücken	á♀
rufen	*áš
Sache, Tatsache	máte♀
Sache (Gegenstand)	eche♀
sagen	čá
Salz	Hmá♀
Sand	šá*
Sandale	t^{h}áwe♀

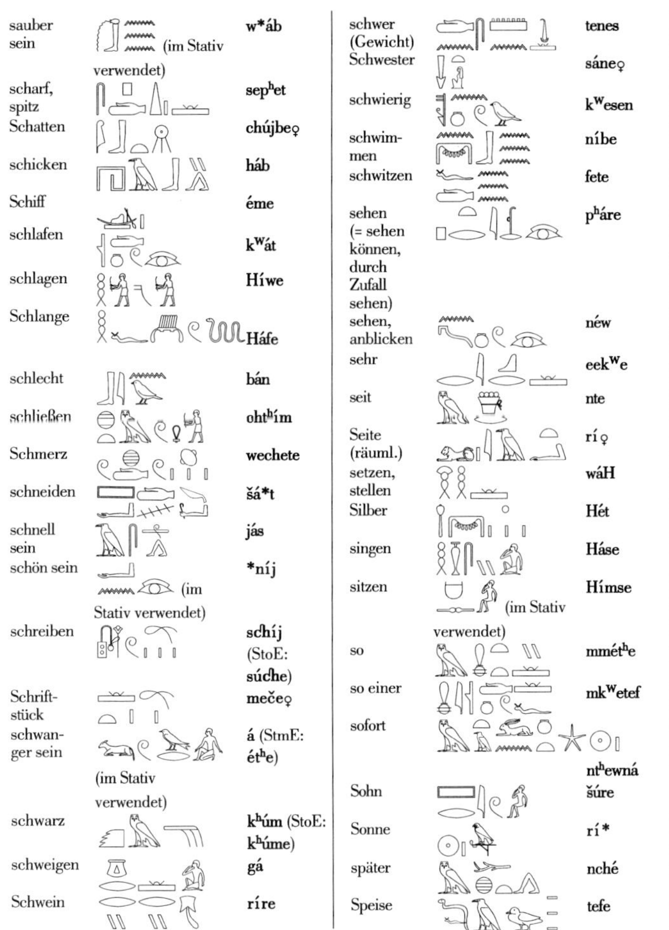

Deutsch	Hieroglyphen	Transkription
sauber sein	(im Stativ verwendet)	**w*áb**
scharf, spitz		**sep^{h}et**
Schatten		**chújbe♀**
schicken		**háb**
Schiff		**éme**
schlafen		**k^{W}át**
schlagen		**Híwe**
Schlange		**Háfe**
schlecht		**bán**
schließen		**oht^{h}ím**
Schmerz		**wechete**
schneiden		**šá*t**
schnell sein		**jás**
schön sein	(im Stativ verwendet)	***níj**
schreiben		**schíj** (StoE: **súche**)
Schrift-stück		**meče♀**
schwanger sein	(im Stativ verwendet)	**á** (StmE: **ét^{h}e**)
schwarz		**k^{h}úm** (StoE: **k^{h}úme**)
schweigen		**gá**
Schwein		**ríre**
schwer (Gewicht)		**tenes**
Schwester		**sáne♀**
schwierig		**k^{W}esen**
schwim-men		**níbe**
schwitzen		**fete**
sehen (= sehen können, durch Zufall sehen)		**p^{h}áre**
sehen, anblicken		**néw**
sehr		**eek^{W}e**
seit		**nte**
Seite (räuml.)		**rí♀**
setzen, stellen		**wáH**
Silber		**Hét**
singen		**Háse**
sitzen	(im Stativ verwendet)	**Hímse**
so		**mmét^{h}e**
so einer		**mk^{W}etef**
sofort		**nt^{h}ewná**
Sohn		**šúre**
Sonne		**rí***
später		**nché**
Speise		**tefe**

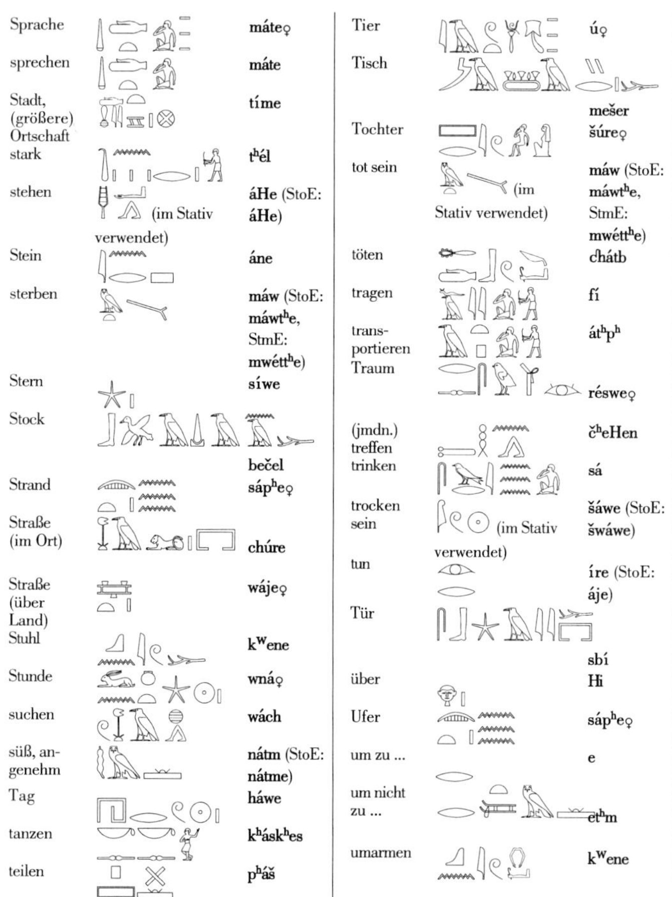

Sprache	**máte♀**
sprechen	**máte**
Stadt, (größere) Ortschaft	**tíme**
stark	**t^{h}él**
stehen (im Stativ verwendet)	**áHe** (StoE: **áHe**)
Stein	**áne**
sterben	**máw** (StoE: **máwt^{h}e,** StmE: **mwétt^{h}e**)
Stern	**síwe**
Stock	**bečel**
Strand	**sáp^{h}e♀**
Straße (im Ort)	**chúre**
Straße (über Land)	**wáje♀**
Stuhl	**k^{W}ene**
Stunde	**wná♀**
suchen	**wách**
süß, angenehm	**nátm** (StoE: **nátme**)
Tag	**háwe**
tanzen	**k^{h}ásk^{h}es**
teilen	**p^{h}áš**
Tempel	**Henát^{h}e♀**
Tier	**ú♀**
Tisch	**mešer**
Tochter	**šúre♀**
tot sein (im Stativ verwendet)	**máw** (StoE: **máwt^{h}e,** StmE: **mwétt^{h}e**)
töten	**ćhátb**
tragen	**fí**
transportieren	**át^{h}p^{h}**
Traum	**résweo♀**
(jmdn.) treffen	**č^{h}eHen**
trinken	**sá**
trocken sein (im Stativ verwendet)	**šáwe** (StoE: **šwáwe**)
tun	**íre** (StoE: **áje**)
Tür	**sbí**
über	**Hi**
Ufer	**sáp^{h}e♀**
um zu ...	**e**
um nicht zu ...	**et^{h}m**
umarmen	**k^{W}ene**

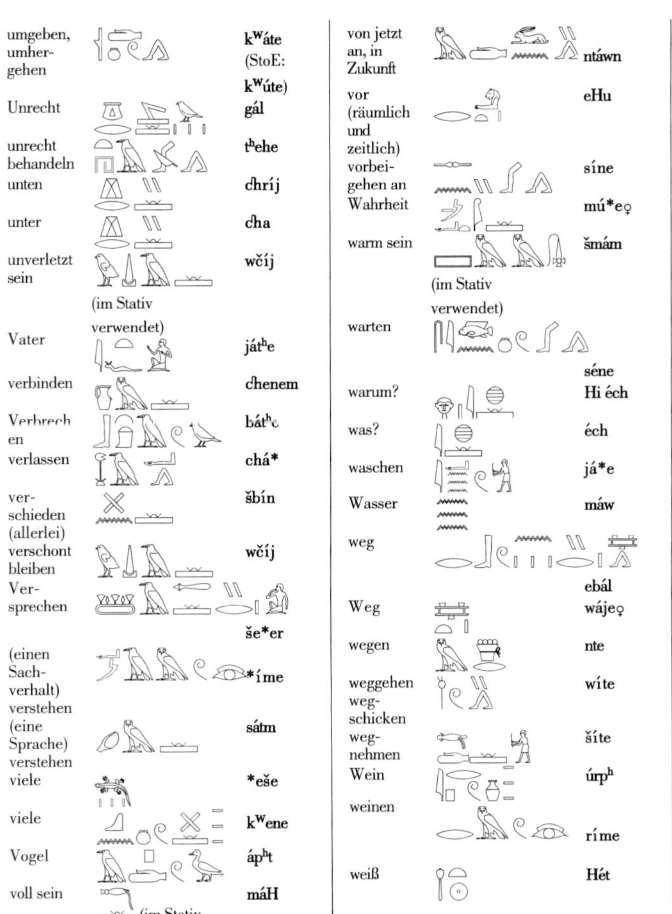

Deutsch	Umschrift
umgeben, umhergehen	k^{W}áte (StoE: k^{W}úte)
Unrecht	gál
unrecht behandeln	t^{h}ehe
unten	chríj
unter	cha
unverletzt sein (im Stativ verwendet)	wčíj
Vater	ját^{h}e
verbinden	chenem
Verbrechen	bát^{h}e
verlassen	chá*
verschieden (allerlei)	šbín
verschont bleiben	wčíj
Versprechen	še*er
(einen Sachverhalt) verstehen	*íme
(eine Sprache) verstehen	sátm
viele	*eše
viele	k^{W}ene
Vogel	áp^{h}t
voll sein (im Stativ verwendet)	máH
von jetzt an, in Zukunft	ntáwn
vor (räumlich und zeitlich)	eHu
vorbeigehen an	síne
Wahrheit	mú*e♀
warm sein (im Stativ verwendet)	šmám
warten	séne
warum?	Hi éch
was?	éch
waschen	já*e
Wasser	máw
weg	ebál
Weg	wáje♀
wegen	nte
weggehen wegschicken	wíte
wegnehmen	šíte
Wein	úrp^{h}
weinen	ríme
weiß	Hét

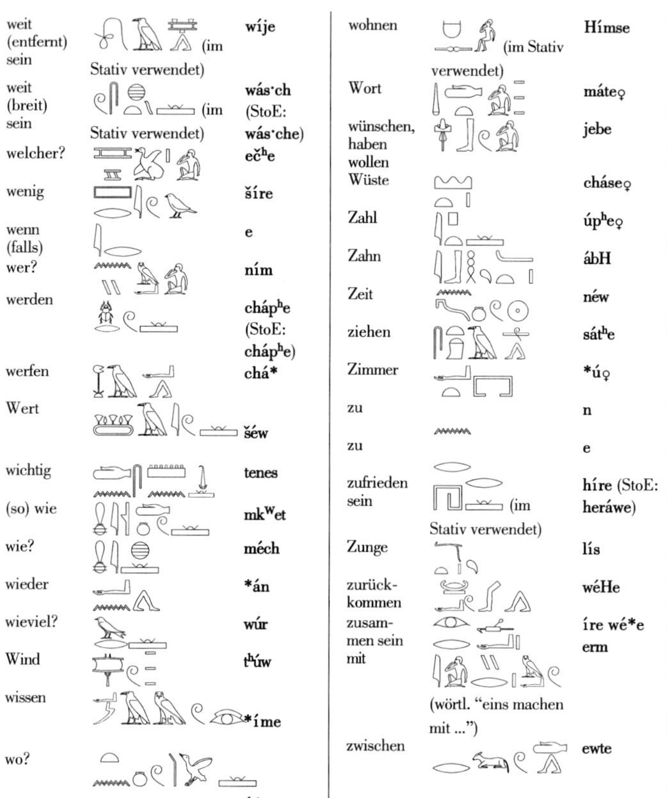

Deutsch	Anmerkung	Umschrift
weit (entfernt) sein	(im Stativ verwendet)	**wíje**
weit (breit) sein	(im Stativ verwendet)	**wás·ch** (StoE: **wás·che**)
welcher?		**eč^{h}e**
wenig		**šíre**
wenn (falls)		**e**
wer?		**ním**
werden		**cháp^{h}e** (StoE: **cháp^{h}e**)
werfen		**chá***
Wert		**šéw**
wichtig		**tenes**
(so) wie		**mk^{W}et**
wie?		**méch**
wieder		***án**
wieviel?		**wúr**
Wind		**t^{h}úw**
wissen		***íme**
wo?		**t^{h}áne**
wohnen	(im Stativ verwendet)	**Hímse**
Wort		**máte♀**
wünschen, haben wollen		**jebe**
Wüste		**cháse♀**
Zahl		**úp^{h}e♀**
Zahn		**ábH**
Zeit		**néw**
ziehen		**sát^{h}e**
Zimmer		***ú♀**
zu		**n**
zu		**e**
zufrieden sein	(im Stativ verwendet)	**híre** (StoE: **heráwe**)
Zunge		**lís**
zurück-kommen		**wéHe**
zusam-men sein mit	(wörtl. "eins machen mit ...")	**íre wé*e erm**
zwischen		**ewte**

Der Autor

Carsten Peust, M.A., geb. 1968 in Kassel, ist wissenschaftlicher Mitarbeiter am Seminar für Ägyptologie und Koptologie der Universität Göttingen. Er schreibt zur Zeit an seiner Doktorarbeit über einen in Hieroglyphen geschriebenen altägyptischen Dialekt, der im ersten vorchristlichen Jahrtausend in Schwarzafrika als Schriftsprache verwendet wurde.

Bei einem Bier entstand die Idee, einen Sprachführer für eine Reise ins Alte Ägypten zu verfassen. Wenn die Leser ihre Kenntnisse auch nicht mehr in der Praxis werden erproben können, so hofft der Autor, daß der Kauderwelsch-Band ihnen bei der Lektüre darum nicht weniger Vergnügen bereitet.

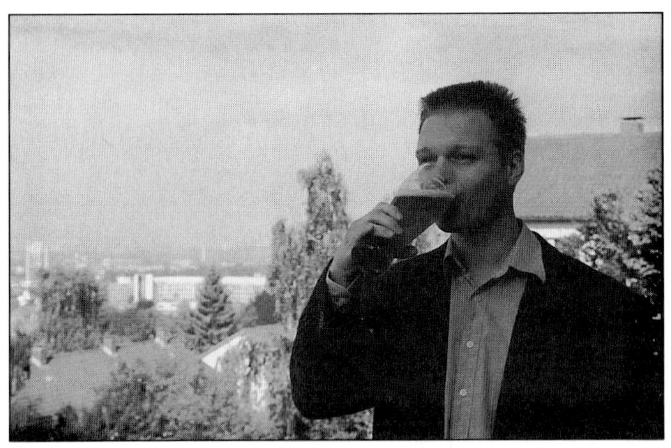